박정희에서 고건까지

CEO를 위한 삼국지 & 인간과 조직의 비밀

박정희에서 고건까지

초판 1쇄 인쇄일 _ 2005년 12월 5일
초판 1쇄 발행일 _ 2005년 12월 15일

지은이 _ 유길만
펴낸이 _ 최길주

사진 _ 함종만(018-208-3649)
그림 _ 이주용(02-333-8179)

펴낸곳 _ 도서출판 BG북갤러리
등록일자 _ 2003년 11월 5일(제318-2003-00130호)
주소 _ 서울시 영등포구 여의도동 14-5 아크로폴리스 406호
전화 _ 02)761-7005(代) | 팩스 _ 02)761-7995
홈페이지 _ http://www.bookgallery.co.kr | 인터넷 한글주소 _ 북갤러리
E-mail _ cgjpower@yahoo.co.kr

ⓒ 유길만, 2005

값 8,800원

* 저자와 협의에 의해 인지는 생략합니다.
* 잘못된 책은 바꾸어 드립니다.

ISBN 89-91177-15-8 03320

박정희에서 고건까지

유길만 지음

BG 북갤러리

차례

1부 박정희에서 고건까지

1장 | 군사독재자 박정희, 전두환, 노태우 · 11

박정희 _11/ 전두환 _15

2장 | 노태우 · 18

한국인은 해방 후 처음으로 지도자다운 지도자를 가졌다 _20 / 최고의 대통령이 어째서 최하로 평가받게 되었는가 _24

3장 | 민주지도자 김영삼, 김대중, 노무현 · 27

김영삼 _27 / 김대중 _30 / 노무현 _31

4장 | 역대 대통령들의 개인 능력을 평가한다 · 35

박정희는 개인능력상 열등한 사람이었다 _36 / 전두환, 노태우도 개인능력상 열등한 사람들이었다 _37

5장 | 무능한 사람들 박정희, 전두환, 노태우가 찬란한 공적을 세운 원인을 밝힌다 · 39

무능한 박정희는 어떻게 위대한 공적을 세웠는가 _40 / 전두환은 난세를 수습한 구국의 지도자이다 _42 / 찬란한 공적을 세운 전두환의 비결을 밝힌다 _45 / 노태우는 어떻게 관료들을 다루었는가 _48 / 홍역을 치르는 한국, 현명한 노태우 _49

6장 | 유능한 사람들 김영삼, 김대중, 노무현이 공적다운 공적을 세우지 못한 원인 · 54

김영삼의 실패 원인 _54 / 김대중의 실패 원인 _57/ 노무현의 실패 원인 _58

7장 | 고건과 관료제 · 61

8장 | 한국 관료제의 실체를 규명(糾明)한다 · 67

관료제는 살아 있는 생물처럼 다루어야 한다 _68 / 김영삼은 어째서 94년에

무리한 행정개혁을 단행하였는가 _70 / 김대중의 '성과급 제도' 실패의 교훈
- '고위공무원단 제도' 실시는 재고되어야 한다 _72 / 공무원들을 헌신적으로
일하게 만드는 방법 _74 / 고건이 차기 대통령 예상 순위 1위가 된 이유 _75

9장 | 관료제에서 애드호크러시까지 **-어리석은 구미(歐美)의 석학들** · 77

10장 | 한국의 21세기는 밝다 · 81
출생률 저하 문제 _83

2부 CEO를 위한 삼국지

1장 | 시대의 기본 룰을 따른다 · 89
정치 지도자와 조폭 두목 간 차이는 백지 한 장인가 _89 / '시대의 룰'을 따르
는 조폭 두목과 따르지 않는 정치 지도자 _91 / 예수_91 / 광해군_92 / 소현세자
_92 / 케네디_93 / 숙적 간인 유비와 조조는 서로 연민을 느끼고 도와주기까지
했다 _94

2장 | CEO 조조, 인간 조조 · 97
영웅인가, 간웅인가 _97 / 조조는 황족과 부자들의 무덤을 파헤쳐 금은 보옥을
탈취했다 _100 / 대량 학살자들 – 히틀러, 칭기즈칸, 항우, 조조 _103 / 조조
의 애틋한 사랑 _105 / 원호법을 창시한, 시대를 이천년 앞서 간 선각자 조조
_112

3장 | 괴걸(怪傑)과 명장(名將) · 115
괴걸 정욱_115 / '간신 조조'는 '간신 사마의'로 바꾸어야 한다 _117 /
불세출의 명장은 어떻게 탄생하는가 – 개에게 주는 정도의 사랑으로는 호랑이를
길들일 수가 없다 _122 / 관우의 무단통치(武斷統治) – 칼로 일어선 자는 칼로
망한다 _125 / 아시아 제일의 종교는 관우교이다 _128

4장 | 시대의 이데올로기, 손자병법 단상(斷想) · 132

대통령 선거에서 후보 교체, 단일화가 안 되는 이유 _132 / 제갈량은 추남이고 장비는 '꽃미남'이었다 _135 / 섹스 이데올로기 _137 / 손자병법과 6·25 한국전쟁(1)_142 / 손자병법과 6·25 한국전쟁(2) - 한국인의 '집단 무의식'에 새겨진 '돌아오지 않는 해병'_145 /《손자병법》을 저술한 손자는 실천가로서는 형편없는 인물이었다 _147 / CEO는 현대의 경영기법보다 고대의 마속과 조괄의 패배에서 더한 교훈을 찾아야 한다 _151

3부 인간의 비밀

1장 | 영혼, 사후(死後)의 세계를 과학적으로 증명한다 · 157

서문표와 조조 _157/ 영혼, 사후의 세계는 분명히 있다 _160/ 일반인이 아인슈타인보다 상대성이론의 의미를 더 잘 안다 _163

2장 | 누구나 차력술을 부리고 헤비급 복서를 때려눕힐 수가 있다 · 166

일반인도 무예의 달인과 싸워 이길 수가 있다 _166/ 차력술은 누구나 부릴 수가 있다 169/ 프로이트의 정신분석이론이야 말로 인류역사상 최고의 업적이다 _172/ '득도(得道)하는 법', 즉 '잠재의식 다루는 법'을 한 마디로 요약한다 _174/ 잠자면서 성공한다 _175/ 노먼 빈센트 피일의 '잠재의식 다루는 법'_178

3장 | 현대의 득도기법(得道技法)을 소개한다 · 183

철학, 심리학, 과학, 종교, 문학 개요(槪要) - 득도(得道) 수련 전의 워밍업 _183 / 동양문명과 서양문명_184 / 현대는 물리학의 세계이다_185 / 인간과 우주의 비밀을 아는 사람들_187 / 비관적 성격의 위인들 - 링컨, 처칠, 루즈벨트, 맥아더, 레이건_188 / 괴테, 셰익스피어, 바하_191 / 동양의 현자(賢者)들_194 / 도통(道通)한 사람이 도(道)를 알지 못한다_195 / '득도하는 법', 즉 '잠재의식 다루는 법'_198 / 노먼 피일, 단 카스터, 죠셉 머피_199 / 마인드 컨트롤(mind control)_200 / 초월명상(TM), 다이내믹 명상 (dynamic meditation)_201

4부 조직의 비밀

1장 | 삼국시대 인심은

진보주의자 조조가 아니라 보수주의자 원소에게 있었다 · 207

2장 | 역사 진보는 '혁명'이 아니라 '진화'로 이루어졌다 · 212

3장 | 무능한 CEO가 좋은 실적을 내는 이유 · 215

4장 | 조직체는 사람처럼 지능을 갖고 있다 – 그 지능은 아주 낮은 것 이다 · 217

미국, 중국 대국에 대한 환상을 버리자 _220

5장 | 조직체가 사람처럼 지능을 갖고 있다는 것을 증명한다 · 222

6장 | 둔재(鈍才)가 크게 성공하는 이유 · 225

7장 | 중국 공산당군과 국민당군, 미국의 파월과 프랑스의 나폴레 옹 · 229

8장 | 8할의 사람은 생각 없이 2할의 사람이 하는 대로 따라한다 – 부 지런한 베짱이와 게으른 개미 · 234

조직 지능의 실체가 드러난다 _236

9장 | '지식'과 '지혜' – '절대 권력은 절대 부패한다' · 239

후기 · 242

1부
박정희에서 고건까지

1장

군사독재자 박정희, 전두환, 노태우

박정희

　　텔레비전에서 GNP 수백 달러의 아프리카 국민의 비참한 생활 광경을 종종 보게 된다. 그들의 모습은 쏙 들어간 볼, 뼈가 드러난 앙상한 몸으로 가엾기 그지없다. 그런데 우리나라도 1950년대까지는 GNP가 백 달러를 겨우 넘어서 있었다. 실제 우리는 현재의 아프리카 국민보다 더 가난한 생활을 했다.

　　박정희는 굶주리는 국민으로 하여금 배불리 먹게 하여주었다. 그래서 오늘날 그는 한국에서 역대 위인 중 가장 존경받는 인물이 되었다. GNP 백 불의 가난한 나라를 천 불의 중진국으로 만들었기에 무(無)에서 유(有)를 창조한 위대한 지도자라고 사람들은 그를 칭송하고 있다. 국민적 존경을 받고 있으며, 그를 찬양하는 연구서들이 쏟아져 나오고 있다. 한편 독재, 인권유린, 빈부격차, 공해 등등 그에 대한 부정적 견해 역시 긍정적 견해만큼이나 많다. 따라서 여기에서는 그의 공적을 칭송도 부정도 하지 않으려고 한다. 박정희에 대한 그간 평가들이, 긍정적이든 부정적이든 간에, 소홀히 하고 있는 점에 대해서만 살펴보려고 한다.

박정희는 GNP 백 불의 가난한 나라를 천 불의 중진국으로 만들었다. 그런데 정치 지도자가 천 불 국가를 만드는 것은, 어떻게 보면, 그렇게 대단한 일이 아니다. 남미, 동구의 나라들은 천 불을 훨씬 넘어서 선진국 문턱에까지 갔다가 좌절하였으니까 말이다. 그것을 보면, 정치지도자가 GNP 천 불의 국가를 이룩하였다는 것은 대단한 공적이 될 수가 없을 것 같기도 하다.

우리나라는 어째서 그 시대에 GNP 천 불을 넘어서지 못하고 만 것인가. 그 원인은 무엇인가. 지금부터 그 원인과 박정희의 몰락 과정에 대해서 살펴보도록 하자.

박정희는 60, 70년대에 개발독재와 수출지상주의 정책으로 하여 천 불 국가로 만들었다. 그런데 독재에 의한 것이라 70년대 말에는 산업의 기간인 중공업 분야가 난립상이 되어 붕괴되기 직전이었다. 수출 지상주의로는 중진국 수준에서 결코 탈피할 수가 없다. 그 수준을 넘어서기 위해서는 무역을 개방시켜야만 했다.

박정희도 그 점을 절감하고 중공업을 정돈하고 무역을 개방시키려고 했다. 그러나 그는 그 정책을 추진할 수가 없었다. 박정희 정권은 기존 경제정책을 떠받드는 사람들에 의존하여 지탱되고 있기 때문이었다. 기존 정책을 새로운 정책으로 전환시키는 것은 그의 정권의 끝을 의미했다. 그보다도 더 심각한 문제가 도사리고 있었다. 한국은 60, 70년대에 농업 부문을 희생시키는 대가로 산업화를 이룩했다고 하지만 농민의 희생이라는 것은 어디까지나 비교적인 것, 즉 다른 부문의 사람들에 비해서 산업화의 결실의 몫을 적게 받았다는 의미였다. 그러나 무역을 개방시킨다면 가뜩이나 발전에서 뒤쳐져버린 농업분야는 거덜나고 말 것이었다.

동양에서는 '농자천하지대본(農者天下之大本)'이라 하여 농민을 가장 중요시했다. 농민이 없는 국가는 상상도 할 수가 없었다. 농민이 등을 돌리면 위정자는 끝장이 나는 것으로 여겼다.

민주사상은 서양에서 나온 것이라고, 그리스, 로마에서 나온 것이라고 사람들은 통상 생각하는데 사실은 그렇지가 않다. 그리스, 로마는 노예를 부려 경제가 유지된 노예국가로 노예를 끔찍할 만큼 잔인하게 다루었다. 인간취급을 전혀 하지 않았다. 그리스, 로마에서 인본주의 사상이 나왔다는 말은 가당치가 않다. 이 나라들은 인본주의와는 먼 거리의 나라였다.

반면에 동양에서 노예는 사람대우를 받았다. 주인 자신의 수족처럼 중히 여겨졌다. 동양 정치가는 고대부터 노예, 농민을 중요시했다. 민(民) 자는 원래 노예를 의미했다. 동양 정치는 '민심(民心)은 천심(天心)'이라는 사상으로 하여, 인본주의, 노예 농민을 근간으로 하여 행하여졌다. 위정자는 노예 농민을, 농업을 중요시하고 상업 공업을 경시했다.

그리스, 로마도 농민을 중요시했다. 그러나 약삭빠른 농민은 농사를 노예에게 맡기고 국가의 우대를 이용해 장사를 하여 돈을 벌거나 정치, 사회 활동을 하여 지위를 향상시켰다. 그래서 농사 본업에 충실한 사람은 무지렁이 농민들 밖에 없었다. 그들은 노예 같은 삶을 살았다. 위정자는 결국 농민을 경시하고 공업, 상업 종사자들을 중요시하게 된다. 공업, 상업 종사자들이 유럽세계를 규율하게 되어, 빛나는 문명, 근대 문명이 그곳에서 일어나게 된 것이다.

민주사상은 중세, 근세 유럽에서 발생한 것도 아니다. 정신적으로 미개한 유럽 문화에서 민본주의 사상이 발생할 수가 없었다. 노예, 농민은 근대에까지 천시되었다. 유럽은 노예, 농민의 수에 비해 소수인 공업, 상업 종사자들의 세상이었을 뿐이다. 공업, 상업 종사자들은 왕정(王政)과 싸워 이기기 위해서 무식한 농민을 꾀여 자기들 편으로 만들었다. 그들은 자신들의 이익을 극대화하기 위해서 농민의 권리를 신장시키고 노예를 해방시켰다.

한편 고대부터 민본주의 사상에 충실한 동양에서는 20세기에 이르러서도 '농자천하지대본' 사상을 버리지 못했다. 문명에서 앞섰던 동양이 서양에 뒤쳐져버린 진짜 이유를 동양의 식자들은 아직도 모르고 있다. 본 이야기로 돌아가기로 하자.

박정희는 그동안 농업을 희생시켜 산업화를 이룩했다. 그는 농업에 대한 미련을 버려야만 선진 산업화를 이룩할 수가 있다는 것을 알았다. 그러나 동양 정치인인 그에게는 한계가 있었다. 박정희는 농업에 대한 미련을 버려야 하는 것을 알면서도 차마 버릴 수가 없었다. 그는 국민투표에서 농민의 지지에 힘입어 대통령에 당선되었고 그 직을 유지하고 있었다.

박정희는 말년에 "내가 그만두어야지…"라고 입버릇처럼 말했다고 한다. 그는 자신의 한계를 절감하고 있었다. 그는 방황하고 있었다. 시대는 새로운 지도자를 원하고 있었다. 1979년 10월 26일 방황하던 박정희는 김재규 중앙정보부장에 의해 시해되고 만다. 이에 1기 군사정권 시대가 막을 내린다.

전두환

한국에 2기 군사정권 시대가 시작되었다. 박정희에 이어 대통령이 된 전두환은 박정희같이 군사독재를 강력히 행할 수 있는 한편 그와는 달리 기존 경제정책을 새로운 정책으로 전환시키는데 부담이 없었다. 전두환은 난립상의 중공업을 과감히 정리하고 무역을 개방시켰다. 무역개방은 농민들에게 직격탄이었다. 아직 농산물이 완전 개방된 것은 아니지만 농업분야가 거덜나는 것은 시간의 문제였다. 농민들의 삶은 삽시간에 나락으로 떨어졌다.

박정희는 농업을 희생시켜 산업화를 추진하였지만 농업에 미련을 버리지 못하여 형식적인 것이나마 지원을 계속했다. 그러나 전두환은 그 형식적 지원마저 거두어들였다. 그는 그야말로 인정사정 없이 농업에서 신경을 끊었다. 농민들은 전두환을 박정희처럼 죽여야 한다고 수군거렸다. 1984년 버마 아웅산 폭탄 테러 사건이 발생했다. 그곳을 방문 중인 전두환 일행이 북한의 비밀 공작원에게 폭탄세례를 당한 것이었다. 전두환은 간신히 목숨을 건져 고국으로 돌아왔다. 이 해에 한국은 5000년 역사에서 획기적인 일이 일어났다. 5000년 무역 적자국에 흑자가 발생한 것이었다.

한국은 농업부문의 파탄에도 불구하고 세계 경기 호황 덕택으로 GNP 천 불을 훌쩍 뛰어넘어 만 불을 행해서 쾌속 질주하고 있었다. 경제

연구가들은 다음과 같이 말한다. "만일 그때 중공업 정리와 무역 개방을 하지 않았다면 우리나라는, 세계 경기 호황 덕택으로 이천 불 국가로는 되었겠지만, 만 불 국가로는 결코 되지 못하였을 것이다." 우리나라가 GNP 만 불 국가가 될 수 있었던 것은 전두환 덕택이었던 것이다.

오늘날 박정희는 가장 위대한 지도자로, 전두환은 가장 나쁜 지도자로 평가받고 있다. 두 사람 다 군사 독재자들로 박정희가 그르다면 전두환도 그르다. 그러나 그들은 우리 대통령이었고 한 대통령은 비명에 죽고 또 한 대통령은 옥살이를 했다. 그들 모두 죄 값을 했다고 할 수가 있다. 이제 그들의 과오는 밝힐 만큼 밝혔으니 공적을 재평가하여보아도 괜찮지 않겠는가. 박정희에 대한 공적 평가는 잘되고 있으니 전두환에 대해서만 살펴보도록 하자.

앞에서 밝혔듯이 박정희의 경제적 업적은 어떤 의미에서는 대단한 것이 아니었다. 겨우 GNP 천 불 국가가 되게 한 것은 대단한 공적이 될 수가 없다. 박정희가 무에서 유를 창조했다고 극구 칭송하는 사람들이 많이 있다. 한편 박정희의 산업화 공적은 별 것이 아니라고 주장하는 사람들도 많이 있다. 이승만, 장면 정권 때 산업화의 청사진이 벌써 마련되었으며 박정희는 그대로 하였을 뿐으로 그가 아니었더라도 우리나라는 산업화를 이룩할 수 있었다는 것이다. 이 주장이 옳은 것은 아니지만 박정희가 무에서 유를 창조한 것은 아니라는 것만은 확실한 것 같다.

그렇다면 GNP 천 불 소득의 열배인 만 불 소득을 이룩한 전두환이야말로 위대한 경제적 업적을 이룬 사람이라고 해야 할 것이다. 우리가 오늘날 물질적 풍요에서 살게 된 것을 박정희 덕택만으로 돌리는 것은 잘못이다. 그는 굶주림으로부터 벗어나게 해주었을 뿐이다. 오늘날의 경제적 풍요를 이룬 대통령은 바로 전두환이었다. 그가 적시에 난립상의 중공업을 정리하고 무역개방 정책을 폈기에 한국이 GNP 만 불 국가가 될 수가 있었던 것이다. 물론 그는 박정희와는 달리 부담이 없는 사람이라 그 정책을 펼 수가 있었다. 전두환은 기존 중공업과 수출 지상주의를 떠받드는 사람들에 의해서가 아니라 총에 의해서 정권을 유지하고 있었다.

그런데 무역개방을 하면 한국농업은 거덜나고 말 것이었다. 전두환 역시 동양의 위정자인데 어쩌면 그렇게 농업부문을 과감히 포기할 수가 있었던 것일까. 그는 오십이 될 때까지 군대에 있은 탓으로, 오로지 군만 생각하고 살아온 탓으로 해서 동양정치 사상에 대해서는 전혀 모르는 무식한 사람이 되고 말았기 때문일 것이다. 아울러, 그는 서양문화의 정규 육사를 나왔고 미국 문화의 한국군에서 엘리트 코스를 밟았기에 동양정치사상을 경시할 수가 있었던 것 같다. 한국군에는 작전권이 미군에 있는 관계로 미국 군대문화가 깊숙이 스며있었다. 하여튼 전두환은 한국 5000년 역사 제왕들 중 아무도 하지 못한 일, 농업 포기를 단행했다.

그는 농민을 희생시켜 GNP 만 불의 국가를 이룩했다. 당시 농민들의 전두환에 대한 증오는 극에 달해 있었다. 그러나 만 불의 부유한 나라가 되자 그들의 태도가 달라졌다. 농민들이, 다른 분야의 사람들에 비하면 처참하지만, 그래도 박정희 시대보다는 훨씬 더 잘 살게 되었기 때문이다. 농업이 파탄되자 많은 농민들이 도시로 흘러 들어가 막노동, 장사 등의 일을 하였는데 GNP 만 불의 국가가 되자 그들의 생활이 이전에 농사 지을 때보다 열배나 더 낫게 되었다. 한편 농촌에 남은 사람들은 그래도 박정희 시대에 비하면 훨씬 나은 생활을 하게 되었다. 일이 기계화되어 농사짓기가 수월해지고 GNP 만 불 국가가 되자 덩달아 소득이 증가되었기 때문이다. 그래서 그들의 전두환에 대한 악감정이 희석된 것이었다.

2장

노태우

오늘날 초등학생들은 역대 대통령 중 가장 나쁜 사람으로 노태우를 든다고 한다. 전두환은 광주 시민을 학살하고 대통령이 되었다. 당연히, 그가 가장 나쁜 대통령이 될 줄 알았는데 초등학생들이 그렇게 생각지 않으니 좀 뜻밖이다.

노태우는 12·12, 5·17 쿠데타 일파의 제2인자였다. 신군부의 광주시민 학살 때 역시 신군부의 제2인자였다. 대통령이었을 때는 수천억 원을 횡령했다. 그의 죄과도 전두환에 못지 않다고 해야 할 것이다. 그러나 그도 우리의 대통령이었고, 옥살이를 하여 죄 값을 했다. 이제 그의 공적을 살펴보아도 괜찮지 않겠는가. 지금부터 여러 장에 걸쳐서 노태우의 공과(功過)를 살펴볼 것이다. 이 책의 견해가 기존의 것과 너무 달라 독자의 혼란을 일으키게 될는지도 모르겠다. 최종 판단은 어디까지나 독자의 몫이다.

　박정희, 전두환의 경제 정책에 힘입은 것이기는 하지만 어쨌든 GNP 만 불을 달성한 사람은 노태우였다. 만 불 달성은 별 업적이 아닌 것 같기도 하다. 남미 제국은 이만 불 선진국 문턱에까지 갔다가 비참한 나라로 전락하고 말았으니까 말이다. 사실 국내에 자원이 풍부하고 세계 경기 호황을 타면 GNP 만 불은 어렵지 않게 달성할 수가 있다. 만 불 국가로 만든 박정희, 전두환, 노태우의 공적은 대단한 것이 아니라면 아니라고 할 수도 있다. 보다 중요한 것은 GNP 만 불을 이룩하고 난 다음의 일이다. 굶주릴 때는 숨어 있던 병마들이 배가 부르고 살만하면 일시에 터져 나와 죽게 되는 사람들이 많이 있다. 그와 같이, GNP 만 불 국가가 되면 그동안 내재해 있던 문제점들이 이윽고 폭발하여 나라가 거덜나고 만다.

　사람은 어머니 뱃속에 있을 때는 완벽한 면역체계에 있다가 세상에 태어나면 그 면역체계가 깨어져 온갖 병마들의 공격을 받게 된다. 그것이 바로 홍역이다. 옛날에는 많은 사람들이 홍역을 치르다가 죽었다. 사람은 반드시 홍역을 치러야만 하기에 홍역을 치르지 않고 어른이 된 사람은 사람대우를 받지 못했다. 그도 결국은 홍역을 치르게 될 것이고 나이 먹어 치르는 홍역은 더 위험하기 때문이었다. 후진국이 선진국이 되기 위해서는 반드시 홍역을 치러야만 한다. 남미와 동구는 선진국 문턱에까지 갔으나 홍역을 제대로 치르지 못하여 몰락한 것이었다.

　싱가포르, 홍콩, 대만, 한국은 아시아의 네 마리 용이라고 불리었다. 홍콩, 싱가포르는 도시국가일 뿐이니, 대만만 살펴보기로 하자. 대만은 오늘날 국민소득에서 한국을 훨씬 앞서있으나 나라 안 정치, 사회 제 분야에 많은 문제점들이 도사리고 있어 10년 안에는 결코 선진국권에 들어

갈 수가 없을 것이다. 오늘날 동남아시아 말레이시아, 태국 등의 경제성장은 실로 눈부시다. 이 나라들이 한국을 추월하게 되는 것은 시간문제라는 전망도 있다. 말레이시아 등 국가는 불원간 GNP 만 불 국가가 될 것이다. 만 불 국가가 되는 일은 그렇게 어려운 일이 아니니까 말이다. 그러나 그 다음이 문제다. 말레이시아, 태국 등은 역시 나라 안에 엄청난 문제점들이 도사리고 있어 10~20년 안에는 결코 한국을 앞질러 선진국 권에 들어서지 못할 것이다. 대만, 말레이시아, 태국 등은 아직 홍역을 치르지 않았다.

한국인은 해방 후 처음으로 지도자다운 지도자를 가졌다

한국에서는 GNP 만 불을 이룩한 노태우 때 그동안 내재해 있던 문제점들이 이윽고 폭발했다. 세계 역사를 돌아보면 백에 구십구 개의 국가가 그 폭발을 견뎌내지 못하여 주저앉았다. 세계에 오늘날에는 수백 개의 나라들이, 과거에는 수천 개가 있었지만 그 폭발을 슬기롭게 버텨낸 나라, 홍역을 무사히 치른 나라는 열 손가락을 꼽을 수 있을 뿐이다.

세계는 노태우 정부의 한국을 주시하고 있었다. 구미인(歐美人)들은 속으로는 잔뜩 비관에 싸여 있으면서도 겉으로는 낙관적, 적극적인 체하는 경향이 있다. 당시 그들은, '한국은 위기를 슬기롭게 벗어날 것이다'고 말했지만 속으로는 그 반대로 생각하고 있었다. 한국의 어두운 정치 역사를 잘 아는 그들은, 한국은 백발백중 주저앉게 될 것이라고 생각했다.

사실 박정희와 전두환이 이룩한 일, GNP 만 불 국가로 만드는 일은 구민인에게는 대단한 것이 아니었다. 한국은 구미에서 수백 년에 걸쳐서 이룩한 산업화를 수십 년 만에 이룩했다. 그래서 박정희의 공적은 극구 칭송되고 있다. 그러나 19세기에 수백 년이 걸린 일을 20세기에 수십 년 만에 한 것은 당연하여, 대단한 일이 될 수가 없다. 세계사에 가난한 나라가 부자 나라가 되었다가 다시 가난한 나라가 되는 사례는 무수히 발생했다. 가난한 나라를 부자 나라로 만든 위대한 제왕은 동서고금 역사를 통틀어 본다면 무수히 많았다. 한국이 GNP 만 불 국가가 된 것은 특기할만한 사건이 아니었다.

세계사에 특기할 사건은 근대에 유럽인에 의해 자유 자본주의 체제 국가가 세워진 것, 단 한 가지가 있을 뿐이다. 그것은 실로 유사이래 처음 있는 일이었다. 이집트, 페르시아, 로마, 인도, 중국 제국들의 부는 근대 유럽에 뒤지지 않았다. 그러나 이 제국들은 그런 부에도 불구하고 자유 자본주의 체제를 이룩하지 못해 더 이상 발전을 못하고 몰락하고 말았다. 선진국은 GNP 이만 불, 삼만 불에 의해서가 아니라 자유 자본주의 체제에 의해 이룩되는 것이다.

민주주의는 피를 먹고 자란다고 한다. 실로 자유민주주의의 역사는 피의 역사였다. 구미인의 핏속에서 민주주의가 자란 것이었다. 봄은 반드시 온다. 그러나 올 듯 올 듯 하면서 오지 않는 것이 봄이다. 따뜻한 봄 날씨가 갑자기 변하여 살을 에이는 북풍이 몰아친다. 봄은 그렇게 찾아오는 것이다. 서양의 민주주의 시대는 그렇게 찾아온 것이었다. 그들은 자신들이 뽑아 세운 지도자가 돌변하여 자유민주 정치체제를 뒤집어버리고 이전 제왕보다 더 악랄한 전체정치를 행한 경험을 한두 번 갖은 것이 아니었다. 구미인은 이제 정치지도자에게 결코 의존하지 않는다. 자신의 대통령에게 경계의 시선을 보내는 것을 잠시도 멈추지 않는다.

1950년대에 한 구미인이, '한국이 민주국가가 되는 것을 기대하느니 차라리 시궁창에서 장미꽃이 피는 것을 기다리는 것이 낫다'고 조소했다. 사실, 한국 민주정치는 50년대에서 60년대로, 70년대에서 80년대로 넘어갈수록 더욱 퇴보할 뿐이었다. 세월이 흘러갈수록 더욱 급수 높은 독재자가 등장했다. 실로, 앞의 구미인의 그 말은 명언이었다고 해야 할 것이다.

노태우 정부 때 구미인들은 '한국은 어려움을 극복하고 민주정치 시대를 열 것이다'라고 말했지만, 속으로는 그렇게 생각하고 있지 않았다. 구미인들은 자신들이 심사숙고하여 뽑은 지도자가 독재자로 돌변한 경험을 수없이 했다. 그들은 노태우라는 인물을 잘 알고 있었다. 1979년 한국의 12·12 쿠데타는 당시 9사단장 노태우가 사단 병력을 이끌고 서울로 들어온 덕택으로 성공한 것이었다. 신군부의 광주 시민 학살 때 그는 신군부의 제2인자였다. 구미인들은 노태우에게 기대할 것이 없었다.

한국 사회는 88올림픽을 치르고 나서 바로 회오리바람 속에 잠겨 버렸다. 40년 독재 정권 하에서 억눌려 잠복해 있던 문제들이 일제히 터져 나온 것이었다. 홍역이 이윽고 한국 사회를 덮친 것이었다.

구미인들도 물론 그런 위기를 경험했다. 그들은 오랜 세월 피를 흘리며 싸우고, 홍역을 치르고, 선진국이 된 것이었다. 그것도 홍역을 한번에 성공리에 치르지 못하여 반복해서 치러야만 했다. 가진 자는 자기 것을 결코 그냥 내놓지 않는다. 왕, 군인, 독재자, 그들에 의해 혜택 받는 상류층이 기득권을 그냥 포기한 예는 없다. 구미인들은 죽기 살기로 싸워 상류층에게 기득권을 포기하게 만들었다. 실로 민주주의 역사는 피의 역사였다. 한국은 구미인이 수백 년에 걸쳐서 이룩한 산업화를 수십 년 만에 이룩하였지만 그것은 진정한 자유민주 자본주의 체제를 이루기 위하여 치러야 하는 홍역에 비한다면 아무 것도 아니었다. 구미인들은 초조하게 한국 상황을, 노태우를 주시했다.

그를 주시하던 구미인들은 어느 날 눈을 크게 떴다. 그리고 '한국인은 처음으로 지도자다운 지도자를 갖게 되었다'고 말했다. 우리 동양에서는 박정희를 위대한 지도자로 여긴다. 그러나 구미인의 시각은 전혀 다르다. 그들의 시각에서는 박정희는 결코 대단한 지도자가 아니다. 구미인들은 그를 큰 인물로 보지 않았다. 독재자로서도 큰 인물로 보지 않아 '작은 독재자'라고 불렀다. 그들이 전두환을 어떻게 보았는지는 말할 필요도 없다. 구미인들은 이승만, 박정희, 전두환은 후진국에서나 행세할 수 있는 하급의 지도자로 간주했다. 그들이 한국에도 지도자가 있다는 것을 인정한 것은 노태우를 통해서였다.

후일 그는 추태를 연출했다. 수천억 원의 돈을 감추어 놓고 없다고 거짓말을 한 것이다. 노태우가 호주머니에 돈을 잔뜩 넣어놓고는 눈물을 흘리며 없다고 거짓말하는 장면이 미국 타임지의 표지가 되었다고 한다. 이로써 그의 이미지는 완전히 구겨져 버렸다. 그러나 구겨진 이미지와는 별도로 그가 대통령이었을 때 보인 정치력은 위대한 것일 수밖에 없었다. 만일 그 이미지 구김만 없었다면 구미인들은 노태우를 20세기 후반 위대한 세계 지도자 열에 올렸을 것이다. 그가 막판에 이미지를 구김에 따라 구미인들은 더 이상 그의 이름을 거론하지 않는다. 그러나 그가 대통령이었을 때 받은 인상은 구미 지성인들의 가슴속에서 결코 지워지지 않을 것이다.

90년대 초 구미(歐美) 언론은 다음과 같이 보도했다. "한국은 군사독재정부 시대에서 민주정부 시대로 이행하게 되었다. 노태우는 20세기 후반 위대한 지도자로 세계 역사에 기록될 것이다."

노태우가 구미로부터 그렇게 높게 평가받게 된 원인은 무엇인가. 이하 몇 개의 장에서 그의 공과를 상세히 다룰 것이다. 기존의 견해와는 현저히 다른 내용이 전개될 것이다. 최종 판단은 어디까지나 독자의 몫이다.

최고의 대통령이 어째서 최하로 평가받게 되었는가

노태우는 서양에서는 최고의 지도자로, 한국에서는 최하로 평가받았다. 평가가 하늘과 땅 차이니 도대체 어떤 연고로 그렇게 된 것인가. 그 원인을 분석해보도록 하자.

노태우가 나라를 깡그리 망쳐버렸다고 말하는 사람들이 있다. 그 때문에 나라의 질서가 완전히 무너져버리게 되었다는 것이다. 그들은 어째서 그렇게 말하는 것인가.

노태우는 대통령이 되자 군사독재 배경의 인물이면서도 사십년 권위 정치의 틀을 박차고 다른 길을 선택했다. 박정희는 무역 개방, 중공업을 정리하여야 한다는 것을 알면서도 자신을 받드는 사람들을 차마 져버릴 수가 없어서 하지 못했다. 그러나 노태우는 자신으로 하여금 대통령이 되게 한 사람들, 권위정치를 바라는 자들의 기대를 내팽개쳐버리고 자유민주 정치를 행했다.

한국 사회는 박정희, 전두환 군사독재 시대 때 혜택 받은 사람들에 의해 지배되고 있다. 정치, 사회, 경제 모든 분야가, 사실상 군과 판도, 그들에 의해 지배되고 있었다. 삼십년 군사독재 혜택 층을 편의상 앞으로

‘상류층’이라고 부르기로 하자.

　　세계 어느 나라고 간에 상류층이, 한국의 상류층과는 성격이 다르지만 어쨌든, 사실상 지배하고 있다. 그러나 그들은 전체 국민의 10%에 불과한 사람들이다. 국민투표로 당선된 대통령이 90% 국민, 하류층 사람들이 원하는 일을 할 때 상류층은 속수무책이 될 수밖에 없다. 서양역사를 보면, 정치 지도자가 하류층을 동원하여 상류층이 지배하는 기존의 민주체제를 뒤집어 버리고 독재체제를 수립한 사례를 적지 않게 발견하게 된다. 사실 역사의 진보냐 퇴보냐의 결정의 키는 대통령의 손안에 있다.

　　박정희 시대 때 공산주의는 자유의 공기가 없어 숨막히는 나라라고 사람들은 말했다. 그러나 박정희, 전두환 시대 우리나라도 자유 공기가 적어 숨막히는 나라였다. 노태우 시대에 겨우 자유의 공기를 들이마시게 되었을 뿐이다.

　　그러나 그로 인해 국민이 행복하게 된 것은 아니었다. 지식층은 확실히 행복하게 되었지만 절대다수인 서민층은 그렇지 않았다. 권위정치가 마감되어 국가의 폭력이 사그라지자 대신에 개인 폭력이 난무했다. 세상은 무질서하게 되었다. 질서에 익숙한 사람들은, 서민들은 그 무질서를 견뎌내기가 어려웠다. 사실 국가의 폭력이라는 말은 식자들에게나 해당하는 말이지 서민들은 그 의미를 알지 못한다. 서민들은 자유의 공기고 무슨 공기고 간에 공기에 대해서는 신경을 써본 적이 없다. 그들은, 무질서한 노태우 정권 하의 세상이 고통스럽기만 하여 질서가 잡혀있던 시대, 전두환과 박정희 시대를 그리워했다. 사람들은, ‘노태우로는 안되니 전두환을 다시 불러와야 한다’고 농반 진반 서로 말했다. 앞에서 언급했지만 농민들의 전두환에 대한 악감정은 벌써 희석되어 있었다. 그들의 생활이, 다른 분야의 사람들에 비하면 열악하지만 그래도 그의 덕택으로 박정희 시대보다는 훨씬 더 나아져 있기 때문이었다.

　서민들은, 굶주림에서 벗어나 잘 살게 된 것은 노태우와는 관계가 없고 순전히 박정희와 전두환 덕택이라고 생각했다. 그들은 노태우를 박정희와 전두환에게 아주 처지는 하급의 지도자로 간주하게 되었다. 한국의 지식인들은 구미의 그들만큼 현명하지가 않다. 한국의 지식인들은 12 · 12, 5 · 17 쿠데타의 주역 노태우를 결코 좋게 말할 수가 없었다. 그가 국민투표로 대통령이 되었지만 그것은 김영삼과 김대중의 표가 분산된 덕택으로 어부지리를 얻은 것이었을 뿐이다. 노태우는 본래 군사독재자일 수밖에 없어 지식인들은 그를 위해 변호하는 말을 할 수가 없었다. 변호하는 말을 하는 사람은 지식인 사회에서 매장되었다. 결국 노태우는 상류층, 하류층, 지식인층 모두에게 버림받게 된 것이다.

　전두환은 비록 국민 전체적으로는 비난을 받았지만 군사독재 혜택을 받은 사람들로부터는 칭송을 받았다. 그 혜택을 받은 사람들은 서민 중에도 경상도 사람 등 많이 있었다. 그러나 노태우를 칭송하는 사람은 한국에 거의 없게 되어버렸다. 초등학생이 역대 대통령 중 가장 나쁜 사람으로 전두환을 안 들고 노태우를 든 것에 대한 원인을 짐작할 수가 있다.

3장

민주지도자 김영삼, 김대중, 노무현

군사 독재자 박정희, 전두환, 노태우에 대해서 살펴보았다. 이제 민주지도자 김영삼, 김대중, 노무현에 대해서 살펴보도록 하자. 이 장의 견해에도 기존의 것과 상반된 점이 있어 독자의 혼란을 일으키게 되는지도 모르겠다. 최종 판단은 어디까지나 독자의 몫이다. 이 장에서는 김영삼, 김대중, 노무현에 대해서 개괄하고 그들의 공과는 다음 장에서 박정희, 전두환, 노태우와 같이 다루게 될 것이다.

김영삼

한국은 이윽고 군사독재 시대를 청산하고 자유민주 시대를 열었다.

김영삼이 국민적 지지를 받으며 대통령에 당선되었다. 군부, 관료 등 독재 정권 혜택 층도 그를 지원했다. 그들은 어째서 재야출신 김영삼을 지지한 것인가. 군부, 관료 모두가 재야에서 뼈가 굵은 김영삼을 지지한 것은 너무 뜻밖의 사건으로 보통문제가 아니니, 그 원인을 좀 자세히 살펴보기로 하자.

노태우가 권위정치 체제를 민주정치로 이행시키자 상류층은 동요했다. 노태우의 브레인은 박철언이었다. 상류층은 노태우를 전적으로 박철언에게 의존하는 사람으로, 노태우 정책이 모두 박철언 머릿속에서 나오는 것으로 보았다. 박철언은 황태자로 불리며 노태우의 후계자로 주목받고 있었다. 노태우에게 학을 뗀 상류층은 박철언에게 대권을 넘겨주느니 차라리 야권에게 넘겨주는 것이 낫다고 말하게 되었다. 김영삼이 국민적 지지를 받고 있지만 무능한 인물임을 상류층은 주목했다. 변화를 두려워하는 그들은 마침내 김영삼을 선택한 것이었다. 미국은 전시 등 국가 위기 상황 외에는 유능한 인물보다 무능한 인물을 대통령으로 선호한다고 한다. 그러니, 우리나라도 이윽고 선진 민주정치 시대로 들어선 것 같기도 하다.

김영삼은 상류층의 지원에 힘입어 압도적 표 차로 대통령에 당선되었다. 그런데 그는 대통령이 되자 자신으로 하여금 대통령이 되게 한 상류층, 변화를 두려워하는 그들의 심중은 아랑곳없이 세상을 변모시키려고 시도했다. 김영삼 진보정권으로서는 개혁시도를 안 할 수가 없는 시대 상황이었다. 그 점은 상류층도 각오했던 것으로 보인다. 그런데 김영삼의 개혁시도가 상류층의 각오를, 나이 칠십 노인의 시도를 훨씬 초과하는 강도 높은 것이었다. 김영삼이 자신의 젊은 아들 김현철에게 의존하여 정국을 이끌어 가는 것을 상류층은 알고 근심이 태산같이 되었다.

그들은 김영삼에게 등을 돌렸지만 국민의 그에 대한 지지율이 높아서 공격을 할 수가 없었다. 군사독재 혜택 층 상류층으로서는 민주지도자 김영삼을 어떠한 경우에도 공격할 수가 없는 시대 상황이었다.

김영삼을 그간 지원하던 〈조선일보〉 등 언론이 방향을 바꾸어 그에게 공격을 개시했다. 그의 지지율이 하락세로 돌아서자 김영삼은 초조하여 자신의 젊은 아들에게 더욱 의존하게 되었다. 아직 지혜가 부족한 김현철은 국민이 원하는 개혁을 추진하여 지지율을 올리려고 무리수를 두고 만다. 김영삼의 실패 원인에 대해서는 다음 장에서 자세히 살펴보기로 하자.

김영삼은 여론에 따라 노태우, 전두환 두 전 대통령을 감옥으로 보냈다. 이 사건에 흥분한, 당시 청와대 비서실장 김광일은, '한국은 지금 명예혁명이 진행 중'이라고 말했다. 혁명은 나라 전체가 바뀌는 것, 나라 구조가 까뒤집혀 안과 밖이 바뀌는 것을 의미한다. 힘없는 두 전직 대통령을 감옥으로 보낸 것은 혁명이 될 수가 없다. 사실, 한국에서 명예혁명은 노태우 때 일어난 것이었다. 김영삼 때는 이것도 저것도 아닌 상황이, 혼란이 계속되었을 뿐이다. 김광일은 개인능력상으로는 탁월하였지만 조직능력상으로는 그렇지 못하여 비서실장이란 막중한 직책에도 불구하고 김영삼 정권 상층부 사람들로부터도 소외되어 있었다.

한국은 김영삼 정부 시대에 홍역을 앓고 난 뒤의 후유증으로 인하여 시달리고 있었다. 김영삼은 그 후유증을 적절히 치료시키지 못하여 나라를 망친 대통령이라는 비판 속에서 물러나게 된다.

김대중

　김영삼에 이어 대통령이 된 김대중은 그와는 달리 유능하지만 또한 한계가 있는 사람이었다. 김대중은 김영삼 같은 국민적 지지가 아니라 전라도 사람의 지지에 의해 당선된 것이었다. 전라도 사람들은 원래부터 머리가 좋았지만 박정희, 전두환, 노태우 삼십년 경상도 정권의 전라도인 박대 정치는 전라도 사람들에게 국가 요직에서 설자리를 잃어버리게 만들었다. 군, 관은 물론이고 사회 각계를 움직이는 자리는 비전라도인으로 채워지게 되었다. 전라도 사람이 중요 자리를 얻기 위해서는 먼저 반김대중 선언을 하여야 했다. 박정희는 노골적으로 그것을 하게 했다. 물론 전라도 사람도 국민이고 군, 관에 진출했다. 그러나 삼십년 전라도인 박대 정책은 유능한 전라도 사람들로 하여금, '내가 나가서 차라리 배추장사를 하고 산다'고 말하며 자리를 박차고 나가게 만들었다. 그리하여 군과 관에는 반김대중 선언을 했거나 부족하거나 그런 전라도 사람들만 남게 되었다.

　김대중은 관료제의 반김대중 전라도인은, 비록 그들이 능력 있는 사람들이더라도, 제거시켰다. 그리고 남은 전라도 출신, 부족한 능력의 사람들을 승진시켜 그들에 의존하여 나라를 이끌어갔다. 전라도인 지원에 의해 대통령이 된 김대중으로서는 그렇게 할 수밖에 없었다. 전라도 사람들이 이윽고 관료제의 요직을 맡게 되었다. 그러나 그들은 그동안 조직에서 소외되어 있었기에 조직의 정수(精髓)를 알지 못했다. 따라서 전라도 사람들이 요직을 차지했지만 조직은 여전히 경상도 사람들에 의해 규율되고 있었다.

　김대중은 재야 시절 국가정보원에게 엄청난 고초를 당했다. 그러나 그는 대통령에 당선되자 자신의 측근에 의해 국가정보원 조직이 파괴되는 것을 우려했다. 그는 자신이 대통령직을 성공적으로 수행하기 위해서는 그 조직의 도움이 절대 필요하다고 판단하였던 것 같다. 조직은 오랜 세월에 걸쳐서 형성되는 것이지 하루아침에는 결코 만들 수가 없다는 것을 알았다. 여기에서 그의 현명함과 아울러 칠십 줄인 그의 능력의 한계를 여실히 엿볼 수가 있다.

박정희, 전두환, 노태우, 김영삼의 경우와는 달리, 김대중의 대통령으로서의 공적 평가를 하는 것은 아직 이른 것 같다. 하지만 그의 공적은 후일 높게 평가될 것으로 예상된다. 그러나 그것은 어디까지나 후일의 평가지 지금 당장은 그 정반대이다. 대통령으로서의 그의 평가는 바닥권을 벗어날 수가 없다. 그가 대통령이 되어 IMF를 극복했다고 하지만 나라는 더욱 어지러워지고 경제는 악화되었다.

노무현

김대중이 역사의 무대에서 퇴장하고 노무현이 등장했다. 노무현은 고향 부산의 국회의원과 시장 선거에서 떨어졌던 사람이다. 그가 대통령으로 당선되리라고 예상한 사람은 거의 없었다고 해야 할 것이다. 그런 그가 어떻게 대통령에 당선된 것인가. 그 과정을 살펴보도록 하자.

노태우 정권 때 상류층은 박철언보다는 차라리 김영삼을 선택하겠다고 말했다. 그리고 상류층의 뜻대로 되었다. 그들은 김영삼을 이을 대통령으로 이회창이 되기를 절대적으로 원했다. 그것이 안 되자 김대중

이후만은 이회창이 당선되기를 간절히 원했다. 상류층은 박정희와 전두환이 파놓은 우물 안에서 사는 사람들이었다. 그들은 우물 안 개구리들의 사고에서 결코 벗어날 수가 없었다. 만일 이회창이 김영삼에 이어 대통령에 당선되었다면 우리나라는 진작 GNP 이만 불 국가가 되었을 수도 있다. 그러나 이만 불로 선진국가가 되는 것은 아니다. 정치, 경제, 사회 제 부문의 성숙 없이 이만 불 국가가 되는 것은 모래 위에 성을 쌓은 것일 뿐이다. 우리나라는 이만 불 국가가 되기 전에 먼저 제 부문에서 성숙되어야만 했다. 상류층에게 힘을 입어 GNP 만 불 국가가 되었지만 이제 그들의 사고로는 나라를 더 이상 발전시킬 수가 없는 시대 상황이었다. 그들의 소임은 끝이 나 있었다.

세계 경제는 보수주의자들에 의해 지배되고 있다. 세계 무역 교역 11위의 나라 한국을 진보정권이 십년 째 규율하니 구미 보수주의자들은 고통스러울 수밖에 없었다. 그들은 한국 정치, 사회의 성숙보다 세계 경제가 원활히 돌아가기를 더 원했다. 김영삼, 김대중 진보정권의 실정(失政)에 한국 국민이 실망하여 보수정권이 재집권하기를 원하고 있다고 구미 보수주의자들은 판단하고 한나라당 이회창이 대통령으로 당선될 것이라고 확신하였는데 놀랍게도 다시 노무현 진보 정권이 들어서고 말았다. 충격을 받은 그들은 한국의 정당들을 면밀히 분석해보고는 다음과 같이 말했다. "한국 보수당이 패한 것은 당연하다. 보수당은 전면적으로 변하지 않으면 결코 재집권할 수가 없다."

노무현은 젊은 층의 지원에 힘입어 대통령으로 당선되었다. 상류층의 자제도 자신의 부모에 반발하여 등을 돌린 것으로 보인다. 상류층의 자제가 등을 돌린 것은 자신 부모의 능력의 한계를 절감한 것 외에 또 다른 이유가 있었던 것으로 보인다.

세계 모든 나라들이 보수 상류층에 의해 지배되고 있다. 설혹 그들의 반대당, 진보당이 집권하게 되어도 사정은 마찬가지이다. 일시적으로 집권하는 것으로는 보수 상류층의 사회 지배 구조를 깨지 못한다. 한국 역시 비록 진보당이 집권하고 있지만 아직 보수 상류층이 사회를 지배하고 있다. 그런데 보수정권 사십년 세월로 인하여 지배층이 노령기로 들어서고 말았다. 사회가 노년층에 의해, 새 시대에 대응하지 못하는 노년층에 의해, 지배되고 있어 젊은 층의 반발이 일어나게 되었다. 상류층의 자제도 부모세대의 독주에 반발한 것이었다.

김영삼, 김대중에 의해 나라가 혼란스러워지고 경제가 어려워지자 서민들도 야권 출신보다는 여권 출신 이회창이 대통령에 당선되기를 원하게 되었다. 그 이전 선거에서 벌써, 그들이 박정희, 전두환 시대를 그리워하여 상류층에서 다시 대통령을 배출하기를 원하여 이회창이 김대중의 두배의 국민 지지를 받았었다. 그런데 이회창은 1997년 아들 병역 기피 사건에 이어 2002년 호화 주택 물의를 일으키고 말았다. 민중은 단순한 존재이다. 그들은 방향을 바꿔 노무현에게 표를 던졌다.

노무현은 김영삼과는 달리 개인능력상 유능한 사람으로 보인다. 그러나 그는 김대중과 마찬가지로 젊은층, 전라도 사람들의 지원에 힘입어 대통령에 당선되어서 역시 한계가 있는 사람이었다. 노무현은 김대중보다도 더욱 한계가 있었다.

지식층, 재야의 세력은 사실 무서운 것이다. 그들의 공격은 진시황 같은 절대 권력자도 무너뜨린다. 이승만, 박정희, 전두환, 노태우 모두 다 시종일관 재야의 공격에 전전긍긍했다. 그 무서운 재야의 지지를 김대중은 확보하고 있었다. 노무현은 김대중보다 더한 재야의 지지를 받았는데도 오히려 그보다 더 불리했다. 왜냐하면 김대중은 재야를 규율하는 위치에 있는데 반하여 노무현은 규율 받는 위치에 있기 때문이었다. 노무현은, "나는 대통령에 당선되었을 때부터 레임덕이었다"고 탄식했다. 그의 입지는 김대중보다도 현저히 좁았다.

대통령직이 김영삼, 김대중, 노무현으로 이어질수록 나라는 더욱 혼란스럽고 경제는 어렵게 되었다. 미래는 알 수 없지만 현재는 김영삼, 김대중, 노무현의 국민 평가는 박정희, 전두환, 노태우보다 훨씬 아래로 처지는 것으로 보인다.

4장

역대 대통령들의 개인 능력을 평가한다

박정희에서 노무현까지 역대 대통령들의 공적을 대략 살펴보았다. 이제 그들을 개인 능력 차원에서 살펴보도록 하자.

김대중, 노무현은 개인능력상 탁월한 사람들이다. 그들은 대통령이 되어 TV에서 공개토론을 벌였다. 그런 능력을 갖고 있는 대통령은 선진국의 경우에도 드물다.

김영삼은 무능하고 박정희는 유능한 인물이라는 것이 일반적인 평가이다. 그 평가는 과연 옳은 것일까. 김대중, 김영삼, 김종필은 정치 9단이라는 평가를 받았다. 세상 일 중 가장 어려운 정치에서 입신의 경지인 9단이 된 사람을 무능한 인물이라고 평가하는 것은 가당치 않다. 무능한 인물이라는 것은 어디까지나 비교적 의미라고 해야 할 것이다. 김영삼은 사실 개인능력상 유능한 인물이었다.

박정희는 개인능력상 열등한 사람이었다

박정희는 개인능력상 탁월한 인물이라는 것이 일반적인 평가이다. 그러나 그는 사범학교 시절 꼴등을 도맡아했다. 그런 사람을, 대학교 시절부터 두각을 나타내고 이십 대에 국회의원 선거에서 당선된 김영삼에게 어떻게 비교할 수가 있겠는가. 상고를 나오고 사법고시에 합격한 노무현의 능력에 비할 수 없다는 것은 말할 나위도 없다. 박정희는 스스로 자신의 열등한 능력상 사회에서 출세할 수가 없다고 절감하여 군인의 길을 택한 것으로 보인다.

그는 선생 직을 사직하고 만주 일본 군관학교에 들어갔다. 그런데 당시 일본은 제국 말기에 들어서 멸망을 눈앞에 두고 있었다. 식자들은 일본군의 붕괴가 초읽기에 들어간 것을 알았다. 모든 사람들이 일본군대를 기피하는 때에 조선인 박정희가 일본 군관학교에 자원하여 들어갔다. 그는 시세에 아주 어두운, 단견의 인물이었다고 평가할 수밖에 없다.

박정희는 해방 후 한국 장교 생활도 순탄하게 하지 못했다. 그는 군인으로서도 출세할 수가 없었다. 그래서 쿠데타를 일으킨 것이었다. 당시 그의 군 선배와 동료, 작전권을 갖고 있는 미군 수뇌부에서는 그의 쿠데타 야심을 알았지만 그의 능력상 실행은 불가능하다고 판단한 것으로 보인다.

박정희는 개인능력상 뛰어난 인물이라고 결코 평가할 수가 없다. 물론 그는 비범한 능력을 여러 번 발휘한 적은 있다. 그러나 그것은 그의 개인 능력에 의해서가 아니라 고난에 찬 환경에 의해서 나온 것이었다. 박정희는 쿠데타 성공 후 군복을 벗으면서 울먹이며, '앞으로 나와 같은 불행한 군인은 다시 있어서는 안 된다'고 말했다. 사실 그의 군 생활은 고난의 연속이었다. 어쩌면 그의 말대로 그는 가장 비참한 군 생활을 한 사람인지도 모른다. 그로 인해 자신의 원래 능력을 초과하는 비범한 능력을 발휘하기는 하였지만 말이다.

전두환, 노태우도 개인능력상 열등한 사람들이었다

전두환과 노태우는 개인능력상 김대중, 노무현의 발뒤꿈치도 못 따라가는 사람들이었다. 이렇게 말하는 사람도 있을 것이다. "노태우, 전두환이 비록 정치 지도자로서는 무능한 인물일 수도 있지만 군 지도자로서는 결코 그렇지 않다." 과연 그럴까. 정규 육사 1기는 생도 시절부터 장래 군지도자로 촉망받았다. 그래서 육사 1기는 두 사람 외에도 정호영 등 많은 지도급 인물을 배출했다. 그중 선두 주자는 단연 전두환이었다. 그러나 그가 선두 주자가 될 수가 있었던 것은 대통령 박정희의 전폭적인 지원을 받은 덕택이었다. 전두환은 부족한 사람인 덕택으로 박정희의 전폭적인 신뢰를 받았던 것으로 보인다. 박정희는 유능한 사람에게 결코 군 요직을 맡기지 않았다. 전두환, 노태우가 청와대로 인사를 가면 박정희는 항상 용돈을 두둑이 주어 보냈다고 한다. 그들이 무능한 사람들이기에 그가 각별한 정을 느낀 것이 아니었을까.

전두환은 그의 동료들로부터도 유능한 인물로 여겨지지 않았다. 그가 후일 대통령이 될 것이라고 생각한 사람은 그의 친구 중 아무도 없었다. 전두환은 군 지도자로서 눈부신 활약을 했다. 그러나 그것은 박정희의 지원과 유능한 부하 덕택이었다. 자신의 능력부족을 절감한 전두환은 유능한 사람들인 허화평, 허삼수를 심복으로 만들었다.

노태우는 개인능력상 전두환과 마찬가지로 처지는 인물이었다. 노태우는 유능한 부하를 두지도 않아 육사 1기 지도급 인물들 중 가장 뒤쳐지는 사람이 되었다. 그의 친구들은 그를 무능한 인물의 대명사로 간주했다. 그가 대통령이 되자 그는 결코 그 직을 원만히 수행할 수가 없을 것이라고 그들은 알았다. 그가 대통령 직을 원만히 수행하자 그것은 모두 현명한 여인, 그의 마누라 덕택이라고 그들은 말했다. 주변에서 그를 얼마나 무능한 인물로 보고 있었는지 짐작할 수가 있다.

박정희는 우리나라 오천년 역사의 제왕 중 최고로 그와 비교할 수가 있는 사람은 세종대왕뿐이라는 견해가 있다. 국민으로 하여금 굶주림으로부터 벗어나게 한 그의 공적은 아무리 칭송 받아도 부족하다고 해야 할 것이다. 그러나 앞에서 살펴보았지만 오천년 역사 제왕 중 최고니 세종대왕만이 있다느니 하는 평가는 가당치 않은 것이다. 어째서 그렇게 터무니없게 과대평가가 내려지게 된 것인가. 그 이유를 짐작하는 것은 어렵지 않다. 박정희를 과대 평가하는 사람들은 한결 같이 전두환과 노태우의 공적을 제로로 보고 있다. 박정희의 공적을 넘어서는 전두환, 전두환의 공적을 넘어서는 노태우의 공적을 제로로 평가하고 있는 것이다. 만일 박정희, 전두환, 노태우 세 대통령의 공적을 모두 합한다면 어떻게 될까. 실로 우리나라 오천년 역사 제왕 중 최고로 비교할 수 있는 사람은 세종대왕 한 사람만이 있게 될 것이다.

5장

무능한 사람들 박정희, 전두환, 노태우가
찬란한 공적을 세운 원인을 밝힌다

유능한 인물들인 김영삼, 김대중, 노무현은 대통령 직을 원만히 수행하지 못하고 무능한 인물들인 박정희, 전두환, 노태우는 성공적으로 수행했다. 성공적으로 수행한 정도가 아니라 오천년 역사 제왕 중 최고의 공적을 세웠다. 개인능력상 무능한 인물들인 박정희, 전두환, 노태우가 도대체 어떻게 그처럼 놀라운 공적을 이룩한 것인가. 기적인가, 신의 도움인가. 그렇지는 않다. 지금부터 무능한 사람들이 위대한 공적을 세운 원인을 하나하나 분석해보도록 하자.

《알몸 박정희》라는 저서에서 그의 치부를 샅샅이 드러낸 어떤 분이 다음과 같이 말했다. "박정희는 쿠데타 때 한 일이 전혀 없다. 선글라스를 끼고 뒷짐 진 채 서 있었을 뿐이다." 사실이 그러하기도 했다. 쿠데타는 박정희 부하, 영관급들에 의해 이루어진 것이었다. 박정희는 대통령이 되어 어떻게 산업화의 기적을 이룩한 것인가. 산업화도 그가 아니라 관료들에 의해 이루어진 것이었다. 박정희는 여자를 밝혔다. 여자를 밝히는 사람에게 행정 같은 복잡한 일을 챙길 겨를이 있었을 리가 없다. 틀림없이 박정희는 관료들에게 행정을 전적으로 맡기고 있었다.

전두환, 노태우 역시 마찬가지이다. 그들은 관료들에게 전적으로 의존하여 오천년 역사에서 찬란한 공적을 세운 것이었다. 모든 것이 확실해졌다. 대통령 직무는 개인 능력과는 다른 차원의 것으로 그 본인이 아니라 관료들에 의해 수행되고 있다. 대통령은 허수아비이고 관료들이 모든 일을 하고 있다. 대통령으로 당선된 사람은 관료들에게 행정을 맡기기만 하면 무난히 자신의 직무를 수행할 수가 있다. 치국(治國)의 키는 관료들이 쥐고 있다.

그런데 박정희, 전두환, 노태우 세 대통령의 공적은 동서고금 무수한 제왕, 대통령 중에서도 우뚝 선다. 따라서 키를 관료들이 쥐고 있다고 하더라도 세 사람의 지도력에는 다른 대통령들과는 다른 점이 있음을 인정하지 않을 수가 없다. 지금부터 세 사람의 그 다른 점을 찾아보도록 하자.

무능한 박정희는 어떻게 위대한 공적을 세웠는가

앞에서 어떤 분은, 5·16 쿠데타 때 박정희는 선글라스를 끼고 뒷짐진 채 아무 일도 하지 않았다고 말했다. 그렇기는 하지만 그렇다고 단정해서는 안 된다. 쿠데타 지도자가 앞장서서 백 가지 일을 해도 실패하게 되는 경우가 다반사이다. 지도자가 많은 일을 한다고 해서 쿠데타가 성공되는 것은 아니다. 5 · 16 쿠데타 성공은 박정희에 의해 이룩되었다고 해야 한다.

풍파를 헤쳐 나가는 배의 선장은 선글라스를 끼고 입에 파이프를 물고 뒷짐 지고 서서 아무 일도 안하고 그저 몇 마디 말만을 한다. 그러나 그의 그 몇 마디에 의해서 배는 풍파를 헤치고 나가는 것이다. 쿠데타 때 박정희는 선글라스를 끼고 뒷짐 진 채 아무 일도 안하고 단지 몇 마디 말만 하였을 뿐이다. 그러나 그 몇 마디에 의해 '쿠데타호'는 풍파를 헤치며 나간 것이었다.

박정희의 산업화 성공은 아무 것도 아니라고 말하는 사람들이 있다. 산업화 청사진은 이승만, 장면 정권 때 이미 만들어진 것이며 박정희는 그에 따라 추진한 것일 뿐으로 그가 없었다고 해도 한국은 산업화를 이룩했다고 주장한다. 과연 그럴까.

박정희는 쿠데타 성공 후 이렇게 탄식했다. "나라가 이렇게 가난한 지 알았다면 혁명을 하지 않았다." 박정희가 정권을 잡았을 때 우리나라 사정은 말이 아니었다. 관료제는 후진성을 탈피하지 못하고 있었다. 그들이 산업화를 주도한다는 것은 어불성설이었다. 산업화 청사진은 이승만 때 이미 세워진 것이며 박정희가 아니었더라도 한국은 산업화를 그 시대에 이룩했다고 말하는 것은 어불성설이다. 당시 한국 관료제로서는 산업화를 주도할 수가 없었다. 후진적 관료제에 선진 군대 문화를 이식시킨 사람은 바로 박정희였다. 그는 한국관료제에 후진성을 탈피하게 하여 주었다. 박정희는 한국관료제의 대부(代父)라고 불려야 한다. 역사의 평가는 옳은 것이다. 오늘날 박정희가 위대한 지도자로 받들어지고 있는 것은 결코 잘못된 것이 아니다.

전두환은 난세를 수습한 구국의 지도자이다

무능한 인물 전두환은 어떻게 해서 위대한 공적을 세운 것인가. 그 원인을 분석하기 전에 먼저 그의 집권 과정부터 살펴보도록 하자.

전두환은 5·17 쿠데타를 일으켜 저항하는 광주시민을 학살한 다음 체육관 선거로 대통령이 되었다. 한국인들은 묵묵히 그의 뒤를 따르고 있었다. 그 광경에 기가 막힌, 저명한 구미인이 다음과 같이 말했다. "들쥐들은 무조건 앞선 자를 따른다. 앞선 자가 태평양 바다 속으로 들어가면 뒤따르는 무리 모두 바다 속으로 들어간다. 한국인은 꼭 그 들쥐 무리 같이 앞선 자를 따르는 족속이다." 그의 말대로 한국인은 들쥐 같은 무리이기에 전두환을 대통령으로 인정했다고 하자. 미국인은 무엇 같은 무리이기에 전두환을 대통령으로 인정한 것인가. 한국군 작전권은 미군에게 있다. 그런데 미국은 어째서 전두환 신군부 정권을 승인한 것인가. 미국 책임 추궁이 아니라 역사의 진실을 밝혀보기로 하자.

2차 대전 후 미국 주도의 자본국가 진영과 구소련의 공산국가 진영이 첨예하게 대립했다. 이 대립은 유사이래 전무후무한 성격의 것이었다. 자본국가는 군사력, 경제력에서 공산국가에 앞서 있으면서도 전전긍긍하고 있었다. 자본국가는 노동자에 의해 유지되고 있는데 공산국가는 비록 명목상이더라도 노동자를 위한 국가이기 때문이었다. 남미, 아시아에서 자본주의자들은 공산주의자들에게 계속 밀리고 있었다. 그것을 방관할 수가 없어 미국은 월남전에 군대를 투입시켰으나 패배하고 말았다. 설상가상으로 미국 경제는 극도로 악화되어 있었다. 전후에 무섭게 경제

성장한 일본이 미국 경제계를 잠식하고 있었다. 미국이 월남전에서 패하자 구소련은 득세하여 수세에서 공세로 전환했다. 1970년대 미국은 사면초가에 싸여 있었다.

미국은 핵개발을 추진하는 박정희 군사독재 정권을 무너뜨렸다. 그러나 한국은 민주화를 이룩하지 못하고 어물쩍거리고 있었다. 미국은 한국 정치를 이렇게도 저렇게도 하지 못하고 고민하고 있었다. 이때 전두환 신군부의 5·17계엄에 반발하여 광주 시민이 무장 투쟁에 돌입했다. 이윽고 한국에서 노동자, 농민이 총을 들고 일어선 것이었다. 그렇지 않아도 사면초가에 싸여 있는 미국은 아찔했다. 그들은 올 것이 왔다고 생각했다. 광주 노동자 농민의 봉기는 전국으로, 아시아로, 세계로 번져 나갈지도 모른다고 지레 겁을 먹었다. 동아시아 교두보 한국을 잃으면 미국의 세계 전략에 당장 큰 타격을 주고 장차 심각한 문제를 야기할 것이었다. 미국은 지체 없이 전두환 정권을 승인하여 무력 진압하게 했다.

미국 정부는 전두환 신군부 정부를 승인했다. 이로 인해 미국은 혹독한 대가를 치르게 된다. 세계에서 유일하게 반미 구호가 없던 한국에 반미 운동이 일어난다. 미국은 여론 정치의 국가이다. 구미의 언론은 미국 정부의 전두환 정부 승인을 맹비난한다.

전두환은 박정희를 이어 한국의 군사 독재자가 되었다. 한국인들은 묵묵히 그의 뒤를 따르고 있었다. 그러나 그는 살얼음판을 걸어가고 있었다. 1980년대 초 한국 상황은 최악이었다. "한국경제는 모든 수술을 다 해보아도 방법이 없어 죽기만을 기다라고 있는 사람과 같다." "한국인은 들쥐 같은 무리들이다. 한국은 전혀 미래가 없는 나라이다." 구미인들은 그렇게 한국을 보고 있었다. 전두환은 그런 최악의 상황에서 어떻게 나라를 이끌어 간 것인가.

　그는 원래 자신의 무능함을 알기에 군 시절에 탁월한 능력의 인물 허화평, 허삼수를 심복으로 만들었다. 그들 간의 관계는 피붙이 간과 같은 것이었다. 그들에게 전적으로 의존하여 매사를 처리한 덕택으로 하여 그의 군 경력은 눈부신 활약상으로 화려하게 되었다. 전두환은 대통령이 되자 두 허씨에게 모든 일을 맡겼다. 허화평, 허삼수는 킹 메이커, 대통령을 만드는 사람들이 되었다.

　어지러운 나라 체제를 바로 잡기 위하여, 자신들이 나라를 다스리기 위하여 두 허씨는 관료제에 메스를 가하여 수술을 했다. 물론 당시 형편상 그들은 관료제를 뿌리째 흔들리게 할 수는 없어서 행정개혁을 소규모에서 마무리했다. 그러나 칼질을 당한 관료제는 극도로 어지러워졌다. 관료제를 수술하자 나라가 정비되는 것이 아니라 더욱 혼란스럽게 되어버렸다. 전두환은 허화평, 허삼수의 정치인으로서의 한계를 인지하기 시작했다.

　두 허씨는 개인능력상 탁월한 사람들로 군이 아니라 다른 길을 택하였어도 유능한 인물들이 되었을 것이다. 그러나 그들은 사십이 넘어 군 문에서 막 나온 관계로 세상일에 까막눈일 수밖에 없었다. 전두환은 그 점을 깨달았던 것으로 보인다. 당시 청와대는 허화평, 허삼수, 허문도 삼 허씨가 규율하고 있었다. 언론인 출신인 허문도는 걸핏하면 '군인이 무얼 알아!'라고 말했다고 한다. 그 말은 허화평, 허삼수를 지칭하는 것이었으리라. 그것은 허문도의 말이자 전두환의 것이기도 했다.

　전두환이 허화평, 허삼수에게 나랏일을 맡겨서는 안 된다는 것을 알았을 때 택할 수 있는 길은 관료들에게 의존하는 것 외에는 없었다. 전두환은 관료들에게 전적으로 의존하여 나라를 다스리기 시작했다. 이제 치국의 키는 관료들에게로 넘어갔다. 그러자 행정개편, 칼질을 당하여 동요하던 관료제가 급속도로 안정되기 시작했다. 관료제가 안정되었을 무렵 어언간 나라 전체가 안정되어 있었다.

정치, 사회 혼란은 극에 달해 있었고 경제는 시체 같은 상태였는데 어떻게 해서 몇 년 사이에 관료들이 안정을 되찾았을 뿐만이 아니라 또한 나라 전체까지 안정되었던 것인가. 그런 기적 같은 일이 도대체 어떻게 해서 일어난 것인가.

1988년 5공 청산 국회 청문회 때였다. 야당의원들이 허문도에게 "전두환을 어떤 사람으로 보느냐?"고 묻자 허문도는 "난세를 수습한 구국의 영도자로 본다"고 대답했다. 1980년 한국 상황을 보면 그의 말이 옳은 것 같기도 하다. '전두환은 또한 그 난세를 만든 장본인이다'라는 말을 첨가만 한다면 말이다.

1980년대 초 우리나라는 역사에서 드문 난세였는데 순식간에 안정되고 역사에서 드문 발전을 시작했다. 한국 상황의 기막힌 반전을 본 구미인들은 요술에 홀린 사람들처럼 되어 버렸다. 그들에게 전두환은 불가사의한 인물로 보였다. 그는 도대체 어떻게 동요하는 관료들을 안정시키고 더하여 헌신적으로 일하게 만든 것인가. 구미인들은, 그의 비결을 알아내는 것은 자신들의 능력상 불가능하다고 판단했는지 '그는 신비로운 인물이다'라고 평하고 넘겨버렸다. 그렇지만 우리는 그 비결을 명확히 밝혀보도록 하자.

찬란한 공적을 세운 전두환의 비결을 밝힌다

1988년 광주 시민 학살자 청문회 때였다. 광주데모를 진압하는 과정에서 많은 사람들이 죽게 한 공수 여단장이 청문회에 불려나왔다. 야당의원들이 여단장에게, "데모 상황을 잘 알지도 모르면서 과잉진압 명령을 내려 많은 사람들이 죽게 했다"고 책임을 추궁했다. 여단장은, "자신은 시외에 있어서 시내 상황을 직접 파악할 수가 없었다. 대대장이 시내 상황이 심각하다고 보고를 하여 진압을 명령할 수밖에 없었다"고 변명했다. 그러자 야당의원들은, "엉터리 보고를 믿었으니 순전히 여단장의 책임이다"고 다그쳤다. 마침내 그는, "내가 대대장 말을 안 믿고 누구 말을 믿겠느냐"고 하소연했다.

청문회장 여단장 곁에는, "시내 데모 상황은 심각하지 않아 진압을 하지 않아도 되었다"고 주장하는 사람이 앉아 있었다. 그런데 그 역시 당시 도청 안에 있어서 시내 데모 상황을 직접 목격하지 못했다. 여당의원들이, "당신은 데모를 직접 보지 않았으면서 어떻게 진압하지 않아도 되는 상황임을 알았느냐?"고 물었다. 그러자 그는, "조카가 나에게 데모 상황이 원만한 것이라고 말해주었다. 내가 조카 말을 안 믿고 누구 말을 믿겠느냐"고 대답했다. 이를 TV를 통해 지켜보던 사람들은 실소(失笑)했다.

전시에는 현지에서 멀리 떨어져 있는 여단장의 현지 상황 판단에 따라 무수한 사람들의 생사가 좌우되는 경우가 종종 발생한다. 여단장은 현지 상황을 대대장으로부터 무전으로 보고 받은 것에 의해 판단한다. 대대장도 사람이고 그의 보고가 잘못된 것일 수도 있다. 마침 현지에는 여단장의 부모 처자식이 있었다. 그들이 여단장에게 대대장의 보고와는 다른 내용, 정확한 현지 사정을 알려주었다. 여단장은 당장 명령을 내려야만 하는 긴급 상황이라 대대장의 보고와 부모 처자식이 알려준 것 중 어느 것이 옳은지 검토할 겨를이 없었다. 여단장은 부모 처자식이 알려준 것은 무시하고 대대장의 보고에 따라 현지 상황을 판단하고 명령을 내렸다. 그 명령에 따라 무수한 사람들이 죽게 되었다.

군인은 명령에 죽고 사는 사람들이다. 이 말은 일방적이 아니라 상호적인 것이다. 군인은 허리에 권총을 차고 명령을 받는다. '죽으러 가라'는 상관의 명령에 격분한 부하가 권총을 빼서 상관을 쏘아 죽여 버릴 수도 있다. 그들 간에는 생사를 초월하는 신뢰가 있기에 부하는 상관의 명령에 따라 기꺼이 죽고 상관은 부하의 오판 때문에 자신이 죽게 되더라도 부하를 원망하지 않고 기꺼이 죽는 것이다. 여단장은 대대장 때문에 청문회에 불려나오고 아니, 맞아 죽게 되어도 대대장에게 원한을 품지 않는다. 군법상으로는 여단장이 자신의 부모 처자식 말을 안 믿고 대대장 말을 믿은 것은 죄가 되지 않는다. 여단장이 맞아 죽게 되는 것은 일반인들에 의해서이리라. 일반인 중에도 여단장은 죄가 없다고 생각하는 사람들이 있을 것이다.

군인에게는 일반인으로서는 감지할 수가 없는 세계가 있다. 명령에 죽고 사는 군인들의 세계, 그들 간의 신뢰 관계는 일반인에게는 베일 속의 세계이다. 여기에서 김영삼, 김대중, 노무현은 박정희, 전두환, 노태우 식으로 관료들을 결코 다룰 수가 없다는 것이 드러난다. 1880년대 초 한국 관료들은 전두환에 의해 벼랑으로 몰렸지만, 그가 태도를 바꾸어 전폭적인 신뢰를 보내자, 곧 안정을 되찾았다. 여자를 밝힌 박정희에게 복잡한 행정에 세세히 신경을 쓸 겨를이 있었을 리가 없다. 그러나 관료들은 그로부터 전폭적인 신뢰를 받았기 때문에 헌신적으로 일하였던 것이다.

머리 좋은 사람들은 다른 사람들에게 일을 전적으로 맡기지 못한다. 김영삼, 김대중, 노무현은 머리 좋은 사람 속성 그대로 관료들을 전폭적으로 신뢰할 수가 없었다. 반면에 박정희, 전두환, 노태우는 자신들의 능력 부족으로 인하여 관료들을 전폭적으로 믿고 일을 추진하는 것 외에는 방법이 없었다. 어쨌든 관료들이 누구를 좋아하고 누구를 싫어하게 되었을지 뻔하지 않는가. 1980년대 초 동요하던 관료들이 곧 안정을 되찾고 헌신적으로 일하게 된 데 대한 배경을 짐작할 수 있지 않은가.

노태우는 어떻게 관료들을 다루었는가

노태우는 무능한 인물이었다는 것이 일반적인 견해이다. 그러나 김영삼이 무능한 인물이 아니듯이 노태우도 무능한 인물이 아니었던 것으로 보인다. 사실, 노태우는 생도시절 IQ가 140이었다고 한다. 전두환은 자신의 무능함을 유능한 사람을 심복으로 만들고 부하들에게 전폭적인 신뢰를 주는 것으로 하여 커버했다. 그러나 노태우는 심복을 만들지도 부하들을 전폭적으로 신뢰하지도 않았다.

그는 대통령이 되어 전두환처럼 관료들에게 전폭적인 신뢰를 보내주지 않았다. 그러나 노태우가 관료들을 다루는 방식은 특이했다. 그의 본성은 우유부단하고 변화를 싫어하는 것으로 보인다. 그런 속성은 바로 관료들의 그것이다. 노태우와 관료들 간은 천부적으로 맞는 관계였던 것 같다.

동서고금 어떤 나라이고 간에 대통령에 당선된 사람은, 설혹 행정조직 자체를 건드리지는 않더라도, 고위직 사람들을 어느 정도 반드시 물갈이한다. 그것은 관료들이 대통령의 수족이므로 당연지사이다. 따라서 어떤 나라이고 간에 대통령이 바뀌면 관료조직이 흔들려 한동안 국정이 어지럽게 되는 것 역시 당연지사이다.

그런데 노태우는 대통령에 취임하여 고금동서 대통령들이 안 하는 일, 특별한 일을 했다. 고급 공무원 물갈이를 거의 하지 않은 것이다. 정부고 군이고 간에 상층부 사람들이 바뀌지 않아서, 전두환 때 그 사람들이 노태우 때도 계속해서 일을 했다. 이에 관료들은 노태우에게 감사하고 만족하게 되었다. 노태우가 관료들을 전폭적으로 신뢰한 것이 아니라 관료들이 노태우를 전폭적으로 신뢰하게 되었다. 바로 여기에서 노태우의 무서운 힘이 나오게 된다. 세계 어떤 나라이고 간에 신임 대통령은 관료제의 흔들림으로 인하여 한동안 힘을 제대로 발휘하지 못하게 되는데 노태우만은 그런 것을 전혀 경험하지 않았다.

홍역을 치르는 한국, 연명안 노태우

노태우는 40년 철봉 정치를 솜방망이 정치로 바꾸었다. 나라가 GNP 만 불이 되어 철봉 정치를 해도 내부의 모순이 폭발하여 나올 때였다. 그런데 솜방망이 정치를 하였으니 어떻게 되었겠는가. 나라가 당장 거덜날 것처럼 어지럽게 된 것은 당연한 일이었다. 상전벽해(桑田碧海)가 일어나 버릴 것 같은 상황이 되었다. 세상이 뒤바뀌면 상류층은 하류층으로 전락하고 말 것이었다. 크게 놀란 상류층은 노태우를 원망하다 비난하기 시작했다. 노태우가 솜방망이 정치를 하자 야권은 기회를 놓치지 않고 '노태우 군사정권 타도'를 외치며 거리로 몰려나왔다.

보수, 진보 양쪽에서 노태우를 협공하고 있었다. 그는 원래 소심하여 이 사람 저 사람 말에 잘 흔들렸는데 어떤 연고인지 솜방망이 정치를 바꾸지 않고 있었다. 나라가 혼란 속에 파묻히게 되었다. 혼란 정국은 최악의 상황을 향해 치달았다. 극우와 극좌가 동시에 들고일어났다. 군부에서 노태우를 노골적으로 비난하기 시작했다. 노태우가 육사 행사에 참석하자 육사 교장이 뒤에 앉아 있는 그를 비난하는 연설을 했다. 노태우가 군부대를 방문하자 군부대장이 그를 앉혀놓고 비난했다. 극좌 측에서는 극한투쟁에 돌입했다. '노태우 군사정권 타도'를 외치며 분신 자살하는 사람들이 속출했다. 서울은 데모로 해가 뜨고 데모로 해가 졌다. 최루탄으로 인하여 시민들이 눈을 뜰 수도 숨을 쉴 수도 없는 나날이 계속되었다.

노태우는 이 사람 저 사람 말에 이리 저리 흔들리고 있었다. 그러나 딱 한 가지, '아무 일도 하지 않는다'는 일만은 누구의 말에도 흔들리지 않고 고수했다. 대통령으로서의 일은 끝까지 밀고 나갔다. 구미에서 노태우에게 주목하기 시작했다.

사실 상류층과 재야 사람들은 국민의 20%에 불과하다. 물론 이들에 의해 여론이 형성되고 나라가 움직여진다. 그러나 민주국가에서 주인은 그들 20%가 아니라 그들 외 80% 사람들일 수밖에 없다. 90%의 사람들은 40년 철봉 정치에 진저리를 내어 솜방망이 정치를 원하고 있었다.

박정희, 전두환은 노동자를 탄압하여 경제성장을 이룩했다. 경제 성장의 결실을 노동자에게 나누어주는 대신에 재투자했다. 이의를 제기하는 노동자들은 사정없이 철봉으로 진압했다. 한편 솜방망이로는 노동자들의 자기 몫 주장을 진압할 수가 없다. 사업주들은 별수 없이 노동자들에게 배당을 올려주어야만 했다. 사업주들이 죽을 지경이 되었다. 여론은 노동자들에 의해가 아니라 사업주, 지식층에 의해 형성되는 것이다. 여론이 노태우를 비난하는 것으로 되어 상류층, 군부가 노태우를 정면 비난하였던 것이다. 그러나 그들은, 국민투표에서 당선된 대통령이 90% 사람들이 원하는 일을 하는데, 비난행동 이상의 것은 할 수가 없었다.

당시 한국은 겉으로 보기에는 당장 거덜날 것같이 흔들리고 있었지만 속으로는 그렇지 않았다. 상류층이 비록 국가 부의 90%를 갖고 있다고 하더라도 생산 업무에 직접 종사하는 것은 아니었다. 재야가 직접 생산 업무에 종사하는 것도 아니었다. 종사하는 사람들은 침묵하는 다수 80% 사람들이었다.

경제는 자유 자본주의 체제 하에서 최고로 발전한다. 한국은 노태우에 의해 개발독재 경제체제에서 비로소 자유자본주의 경제체제다운 체제가 되었다. 한국 경제는 무섭게 성장하기 시작했다. 박정희, 전두환 경제 정책에 힘입은 것이기는 하지만 어째든 노태우 때 한국 경제는 크게 발전했다. 5000년 무역 적자국에 흑자가 넘쳐 주체를 할 수가 없게 되었다. 물론 이런 상황은 자칫하면 상류층과 재야의 반발보다 더한 문제 상황으로, 국가 혼란으로 이어질 수도 있다. 다행인 것은 행정이 박정희, 전두환 시대 못지 않게 안정되어 있는 것이었다.

노동자들은 지식층, 상류층이 형성한 여론에 따라, '나약한 인간 노태우로는 안되니 전두환을 불러와야 한다. 군사독재자 노태우는 물러나야 한다'고 말하였지만 속으로는 별 불만이 없었다. 그들은 처음으로 생산 결실의 상당한 몫을 분배받고 있었다.

상류층, 재야의 동요에는 개의치 않고 80% 사람들은 묵묵히 자기 일을 했다. 관료들은 시국을 살피며 조심스레 자기 이익을 챙기고 사람들은 술 마시고 놀음하거나 데모를 구경, 가담하거나 각기 자기가 원하는 일을 했다. 그런 광경은 40년 독재 질서에 익숙한 사람들에게는 묵묵히 일을 하고 있는 것이 아니라 나라가 당장 망해버리고 말 조짐으로 보였으리라.

노태우 때 사람들은 고삐 풀린 망아지처럼 날 뛰었다. 그들은 자기가 하고자 하는 일을 했다. 일하는 풍조가 없어지고 '놀자' 풍조가 만연했다. 그런 시세에 개탄한 식자들이 노태우에게 나라가 지금 심각한 상태에 빠져 있으니 조처를 취할 것을 충고했다. 그러자 노태우는, '우리 모두 놀지 말고 열심히 일합시다'라는 플래카드를 길거리마다 설치하라고 지시했다. 그것이 그의 조처 전부였다.

사람들은 술 마시고 놀음하고 마음껏 놀 자유가 주어졌을 때 가장 생산적인 일을 하게 된다. 놀면서 살기 위해서는 많은 돈을 벌어야 하니까. 자본주의 체제는 사람들에게 놀 것을 권장한다.

노태우가 국가 공휴일이 일요일과 겹치면 쉬는 날을 추가하여 준 적이 있었다. 그러자 일년 열두 달 일하는 날보다 노는 날이 더 많은 것처럼 보이게 되었다. 누가 보아도 사업주의 타격이 심각하고 나라 경제가 악화될 것이 불을 보듯이 뻔했다. 식자들이 나서 노태우에게 '당장 쉬는 날 추가 조처를 철회하지 않으면 경제가 파탄에 이르게 되고 말 것'이라고 충고하여 주었다. 노태우가 쉬는 날 추가 조처를 철회하려고 하자 이번에는 노조가 반발하고 나섰다. 이에 노태우가 망설이자 식자, 사업주 측에서 그에게 '결단을 내리지 않으면 심각한 국면을 맞게 될 것'이라고 경고했다. 그러나 '물태우'는 결단을 내리지 못하더니 해를 넘겨버렸다. 공휴일 추가 조처는 어렵게, 간신히 철회되었다.

그런데 뜻밖의 일이 발생했다. 공휴일 추가 조처를 철회하면 경제가 더 나아질 줄 알았는데 거꾸로 더 나빠진 것이었다. 자유자본주의 경제 체제는 소비에 의존하여 유지, 성장하는 것이다. 노는 날이 대폭 줄어 지출(소비)이 대폭 줄게 되었으니 경제가 나빠진 것은 당연한 일이었다. '공휴일 추가 조처로 인하여 경제가 망하게 되고 말 것'이라는 식자들의 견해는 아주 잘못된 것이었다. 공휴일 추가 철회로 하여 사업주는 종업원에게 돈을 더 안주고 일을 더 시킬 수가 있게 되었지만 장사가 안 되어 손해를 더 보게 되고 말았다.

　서민들은 박정희, 전두환 시대에 대통령의 지도 하에 경제발전 업무에 종사했다. 그런데 노태우는 지도를 포기하고 아무 일도 안 하고 있었다. 서민들은 이대로 가다가는 자신들의 생계가 막막하게 되고 말 것임을 알았다. 이제는 대통령에게 의존할 수가 없게 되어버렸으니 자신들이 스스로 일을 찾아 해야만 했다. 제 일을 스스로 찾아 일하는 사람은 지도자 영도 하에 일하는 사람의 열배로 생산적이 된다. 최고로 영명한 지도자의 영도 하의 전체국가의 경제도 자유자본 체제 국가 경제의 발뒤꿈치에도 이를 수가 없는 법이다. 우리나라 경제 규모는 노태우 때 전두환, 박정희 때의 두배, 열배가되었다.

　무능한 인물들인 박정희, 전두환, 노태우가 역사에 드문 위대한 공적을 세운 원인을 분석해보았다. 아무래도, '그들은 무능한 사람들이 아니라 역사에 드문 유능한 사람들이었다'고 평가할 수밖에 없을 것 같다.

6장

유능한 사람들 김영삼, 김대중, 노무현이
공적다운 공적을 세우지 못한 원인

무능한 사람들인 박정희, 전두환, 노태우가 한국 5000년 역사에서 찬란한 공적을 어떻게 해서 세웠는지에 대해서 살펴보았다. 이제 유능한 사람들인 김영삼, 김대중, 노무현이 어찌하여 제대로 공적을 세우지 못했는지에 대해서 살펴보도록 하자.

김영삼의 실패 원인

김영삼 문민정부가 들어섰다. 노태우가 마침내 사십년 권위정치 시대를 청산시킨 것이었다. 서양에서는 수차례 치르고서야 겨우 성공한 홍역을 한국은 단번에 성공리에 치른 것이었다. 김영삼 문민정부의 등장은

찬란한 것이었다. 그만큼 여권, 야권 통틀어 전폭적 지지를 받은 대통령
은 이전에 없었고 앞으로 다시 있게 되기 힘들 것이다. 김영삼 문민정부
는 당연히 솜방망이마저 거두어 들여야 했다.

한국은 솜방망이 정치마저 거두어진 민주정치 시대가 되었다. 당연
히 나라가 극도로 혼란스럽게 되었다. 그러나 그것은 홍역을 치른 뒤의
후유증 같은 것이었다. 김영삼 정부 때 나라가 혼란하여 경제가 악화되
자 국외에서 '한국은 너무 일찍 샴페인을 터뜨렸다'고 조소했다. 그러나
그들은 잘못 알고 있는 것이었다. 또는 권위 정치를 청산하고 자유민주
정치국가가 된 한국을 시기하고 있는 것이었다. 당시 한국은 샴페인을
일찍 터뜨린 것이 아니라 역사의 바른 길에 올라서 있었다.

그런데 한국의 장도에 먹구름이 끼여 있었다. 역사는 한국에게 또
한 차례의 시련을 요구하고 있었다. 한국의 장도에 위기의 시기가 도사
리고 있었다. 진짜 위기의 순간이 다가오고 있었다.

1990년대 초반 대통령 김영삼의 국민 지지율은 80%를 넘어서 있었
다. 그는 시대에 맞추기 위하여 군과 관의 정비에 나섰다. 국민의 지지에
힘입어 무사히 정비를 마쳤는데 부작용이 심각하게 되었다. 군과 관 조
직이 크게 흔들려버린 것이었다. 김영삼이 군의 상층부 사람들만 바꾼
것이지 조직 자체를 바꾼 것은 아니었으니 군 조직이 근본적으로 흔들린
것은 아니었다. 또, 전시가 아니니까 군 조직이 좀 흔들린 것은 대단한 일
이 아닐 수도 있지만 관료 조직이 흔들린 것만은 당장 문제 상황이 되지
않을 수가 없었다.

1994년에 김영삼이 행정조직 대개편을 단행하여 관료조직이 근본
적으로, 뿌리째 흔들리게 되었다. 노태우 때는 온 나라가 혼란스러웠지

만 관료조직만은 박정희, 전두환 시대와 마찬가지로 안정되어 있었다. 그러했기에 노태우가 5000년 역사에서 찬란한 위업을 이룬 것이었다. 그런데 김영삼 때에는 그 관료제마저 이윽고 흔들려버린 것이었다. 행정이 흔들린다는 말은 나라가 흔들린다는 의미이다. 나라가 흔들리면 그래도 공무원들의 봉급은 깎이지 않지만 서민들은 당장 소득이 줄어지게 된다. 행정개혁 전 80%의 김영삼 지지율은 개혁 후 20%가 되고 말았다. 대통령은 허수아비이고 관료들이 그 직무를 사실상 하고 있다는 것이 다시 한번 증명되었다.

김영삼과 관료 간의 관계에 대해서 살펴보도록 하자. 노태우 정부 때에 권위정치에서 민주정치 시대로 넘어가는 것은 시대의 대세라고 관료들은 알았다. 국민은 군사 독재자의 시녀 관료들을 비난하고 있었다. 위기를 느낀 관료들은 민주 대통령을 모시어 그 비난을 모면하기를 소망했다. 마침내 김영삼 민주 대통령이 들어서자 그들은 '만세'를 부르며 좋아했다. 흥분한 관료들은 자신들이 살아남는 길은 새 시대에 맞게 변하는 것뿐임을 알고 스스로 변하기 위하여 노력했다. 그러나 관료제의 속성상 그 것은 불가능한 일이었다. 관료들이 스스로 변하지 못하자 김영삼이 행정 대개혁을 단행한 것이었다.

개혁을 당한 후 관료들은, '김영삼이 우리 관료제를 쑥밭으로 만들었다'고 탄식했다. 그들의 충격이 얼마나 컸는지 짐작할 수가 있다. 관료제는 분노, 절망의 늪 속에 빠져버리고 말았다. 관료들이 엎드려 네발이 되어 주변 눈치를 보며 일하게 되고 말았다. '복지부동'이란 관료제 속성은 김영삼 정부 때 정착된 것이다. 김영삼인들 자신의 수족이 복지부동이 되어 있으니 무슨 수로 제대로 나라를 다스릴 수가 있겠는가. 이리하여 한국에 진정한 위기가 닥치게 된 것이었다.

김대중의 실패 원인

조직은 흔들기는 쉽지만 안정시키는 것은 어려운 일이다. 김영삼에 의해 흔들린 관료제는 다시 안정되지 않았다. 김대중은 대통령에 당선되고 나서 '김영삼이 나라를 거덜 내놓고 물려주었다'고 탄식했다. 그 말은 IMF를 의미하였을 것이다. 하여튼 김영삼은 관료제를 뿌리째 흔들어 놓은 다음에, 군사독재 시대에 역동적이었던 관료제를 무기력하게 만든 다음에 김대중에게 넘겨주었다.

상황을 짐작한 김대중은 관료제를 조심스레 다루었다. 그러나 관료제는 김대중에 의해 또 다시 뒤흔들리게 된다. 관료제가 40년 경상도 정권에서 잉태된 것이기에 김대중 호남정권 하에서 뒤흔들릴 수밖에 없었다. 이에 김대중도 김영삼과 마찬가지로 관료들의 도움을 받지 못하게 되고 말았다. 김대중은, '우리 정치인이 간신히 공적을 이루어 놓으면 관료들이 다 까먹는다'고 탄식했다.

김대중은 자신의 수족인 관료들이 복지부동이라 그들을 일하게 만들려고 백 가지 수를 강구했다. '인사행정위원회'를 만들고 '성과급 제도', '외부인사 일정비율 공직채용 제도'를 실시했다. 그러나 김대중이 강구한 수는 모두 역작용만 하였다. 관료들은 '달달 볶는다'고 탄식하며 엎드려 네 발이 되어 눈치만 보았다. 대통령의 수족이 그러고 있으니 김대중이 무슨 수로 나라를 원만히 다스릴 수가 있겠는가. 결국 나라는 더욱 혼란스럽고 경제는 더욱 악화되었다.

노무현의 실패 원인

노무현 역시 김대중, 김영삼과 마찬가지로 관료들의 도움을 받지 못했다. 어쩌면 역대 대통령 중 가장 관료들의 도움을 받지 못한 사람은 노무현일 것이다. 어째서 그러한가.

노태우 때 관료들은 상류층과 군의 동요에는 개의치 않고 그를 적극적으로 도왔다. 관료들과 노태우는 '군사정부에서 문민정부로 이행하는 것은 시대의 대세라 막을 수가 없다'고 이심전심하였던 것으로 보인다. 이윽고 김영삼 정부가 들어서자 관료들은 쌍수를 들고 좋아했다. 그런데 김영삼은 무리한 행정개혁을 단행하여 관료제를 뒤흔들어 놓고 말았다. 김영삼에게 학을 뗀 관료들은 이회창 대통령을 간절히 소망했다. 실망스럽게도 김대중 대통령으로 되고 말았으나 그들은 시대의 대세를 거역할 수 없다고 생각하고 그를 공손히 맞아 들였다.

그들은 김대중 이후만은 이회창이, 그것이 안 되면 정몽준이, 진보주의자가 아닌 사람이 대통령이 되기를 간절히 바랐다. 사실 당시 노무현이 대통령이 될 가능성은 거의 없었다. 관료들은 노무현을 맞아들일 마음의 준비가 되어 있지 않았던 것으로 보인다. 노무현이 예상을 뒤엎고 대통령이 되자 관료들은 낙심하여 방황했다.

혹자는, '김대중 진보정권이 이회창 보수정권으로 바뀌면 직격탄을 받는 사람들은 관료들이다. 관료들은 노무현 진보정권이 계속 집권하기를 원했다'고 말할 것이다. 확실히 그런 점은 있으나 옳은 견해는 아니다. 한국 관료제는 30~40년 간의 경상도 정권으로, 보수정권으로 하여 경상도적, 보수적 조직이 되어버렸다. 김대중이 전라도 사람들과 진보주의자들을 대거 관료제의 요직에 배치하였지만 껍데기를 건드렸을 뿐이다. 5년

간은 40년 세월에 걸쳐 형성된 관료제를 바꾸기에는 역부족한 기간이다.

마침내 우리나라도 진보 진영이 10년 간 집권하게 되었다. 10년 세월은 적은 기간이 아니니 관료제의 내부에 변화를 일으킬 수가 있다. 노무현은 관료들의 도움을 못 받았지만 그를 이어 다시 진보 정권이 들어선다면 그 정권은 관료들의 도움을, 비록 전적인 것은 여전히 아니겠지만, 진정한 도움을 받게 될 것이다.

노무현과 그의 막료들은 상황을 벌써 감지하였던 것으로 보인다. 대통령은 허수아비이고 치국의 키는 관료들의 손안에 있다는 것을 잘 알았다. 노무현은 대통령이 되자 정통 관료출신 고건 덕을 보려고 그를 국무총리로 임명했다. 그러나 노무현이 고건의 덕을 본 것은 거의 없는 것으로 보인다. 관료제는 고건 개인에 의해 규율되는 성격의 것이 아니었다.

김영삼, 김대중 정권은 진보 정권이라고 하지만 실제로는 중도, 호남 정권이라고 해야 한다. 한국에 진정한 진보정권이 들어선 것은 노무현 정권에 의해서였다. 우리나라에 처음으로 진보주의자들, 반관료주의자들의 정권이 들어섰다. 노무현 좌우에는 반관료주의자들이 포진하게 되었다. 여당은 국회 소수당이라 당장 행정개혁을 단행할 수는 없지만 '94행정개혁'보다 더 강도 높은 개혁을 벌렸다. 관료들은 엎드려 네 발이 되는 것이 아니라 납작 엎드려 배를 깔지 않을 수가 없게 되고 말았다.

그런 상황에서 고건이 노무현을 위하여 무슨 일을 할 수가 있었겠는가. 고건이 자신의 총리 임기 중 총리다운 일을 한 것은 노무현이 탄핵 당한 후 석 달 간이 있을 뿐이었다. 그 석 달 간 청와대의 반관료주의자들은 날개 꺾인 독수리 신세가 되어 있었다. 이에 관료들은 노무현 정부 출범 후 처음으로 일어나 허리를 펴고 일을 했다. 그 석 달 간 우리나라는 근래에 보기 드물게 안정을 되찾고 경제가 호전되었다. 우연히 그렇게 되었

을 수도 있다. 그러나 당시 정황 상, 행정이 제대로 되어서 그렇게 된 것이
라고 말할 수도 있다. 국민의 고건에 대한 신뢰가 높아질 수밖에 없었다.

7장

고건과 관료제

국민은, 노무현이 검사들과 TV에서 공개토론을 벌이는 것을 보고 감명을 받았다. 역대 대통령들 이승만, 박정희, 전두환, 노태우는 비서가 써준 원고를 읽기만 하는 사람들이었으니 노무현이 서민 편에서 검사들과 공개 토론을 벌이는 장면은 서민들에게 신선한 인상을 주지 않을 수가 없었다. '우리도 이제 선진국처럼 재기발랄한 대통령을 갖게 되었다'는 자부심, 또 여러 원인으로 하여 서민들은 국회의원 선거에서 여당 진보당을 전폭적으로 밀어주었다.

이윽고 여당 진보당이 국회 다수당이 되었다. 노무현과 그의 막료들은 관료제를 변모시키지 않고서는 나라를 제대로 다스릴 수가 없다는 것을 절감하고 있는 사람들이었다. 이윽고 국회 다수당이 되었으니 행정조직 개편을 단행할 수가 있게 되었다. 노무현은 행정조직 개편을 위해서 강력한 인물 이해찬을 국무총리로 임명했다.

이제 행정조직 개혁이 초읽기에 들어갔다. 고건 대행체제 석 달 간 허리를 폈던 관료들은 다시 납작 엎드려 눈치만 보게 되었다. 그러자 석 달 간 제대로 되었던 행정이 다시 원점으로 돌아가 버렸다. 노무현, 이해찬은 나라를 제대로 다스리기 위해서는 관료조직을 속히 개편해야 한다는 것을 더욱 절감하게 되었다.

강력한 인물 이해찬은 마침내 행정 개편에 착수했다. 그는 '94행정 대개혁'의 부작용을 알고 개혁을 점진적으로 할 것임을 천명했다. 점진적이기는 하지만 본질적으로는 '94행정개혁' 강도를 훨씬 초과하는 것이었다. 행정조직의 '국(局)'과 '과(課)'를 '팀(team)'으로, 애드호크러시로 바꾸는 조직 개편은 벌써 개시되었다. '3급 이상 공무원을 직급과 소속을 없애고 한데 묶어 관리하는 고위공무원단 제도', '관료제 문호를 과감히 개방하여 외부 사람을 영입하는 제도'도 곧 실행될 것이었다.

관료제는 위계질서, 연공서열, 폐쇄성을 근간으로 하는 것이다. '팀제', '고위공무원단 제도' 등은 연공서열, 위계질서, 폐쇄성을 근본적으로 깨뜨리는 것이니, 노무현, 이해찬의 행정개혁은 관료제의 근간을 파괴시키는 것, 관료제를 없애는 것에 다름 아니었다.

이 책에서 애드호크러시라는 말을 빈번히 사용하게 되니 이 말의 의미를 확실히 파악해 두기로 하자. '애드호크러시(adhocracy)'는 '부정' 의미의 접두사 'ad-'와 '관료제' 의미의 어간 '-hocracy'가 결합한 단어이다. 즉, 관료조직체 이외의 조직체를 의미한다. 이해를 쉽게 하기 위하여 실례를 하나 들어보기로 하자.

사람들이 들놀이(목적)를 가려고 모여서(조직체를 만들어) 들에 가서 놀고(수행) 돌아와 각자 자기 집으로 돌아간다(조직체 해체). 괄호 안의 말만을 모으면, "어떤 특수 목적을 위하여 조직체를 구성하여 수행한 다음에 그 조직체를 해체시킨다"가 된다. 즉, 애드호크러시는 조직되었다 곧 해체되는 조직체를 말한다. 그런데 설명이 또 어려워진 것 같다. 그러니 '애드호크러시는 사람들이 들놀이를 가려고 만든 모임 같은 조직체이다'고 알아두면 될 것이다.

혹자는, "'팀제, 애드호크러시'가 되어 공무원들이 이전보다 더 열심히 일하게 되었다"고 말할 것이다. 그러나 이 제도 실시 전에 공무원들은 이미 군사정부시대보다 더 열심히 일하고 있었다. 독재권위시대에 공무원들은 독재자에 빌붙어 자신들의 이익을 챙겼다. 그러나 민주 시대가 되어 그들은 더 이상 국민에게 권세를 부릴 수가 없게 되었다. 사방에서 그들을 감시하게 되었다. 그래서 공무원들은 예전보다 더 많은 시간 일하고 복무규정을 더 충실히 지켰다. 확실히, 공무원들은 박정희, 전두환, 노태우 시대보다 김영삼, 김대중, 노무현 시대에 더 많은 일을 하고 복무규정을 더 충실히 지켰다. 그런데 공무원들이 복지부동이 되어 일을 안 한다고만 하니 그것은 무슨 연고인가.

'행정'이란 말의 의미에 대해서 살펴보도록 하자. '행정'은 '위정자가 나라를 잘 다스리게끔 공무원들이 국민 속으로 들어가 일을 하는 것'을 말한다. 행정 일은 너무 복잡하고 심오하여 공무원 직무는 문서화할 수가 없는 것이 태반으로 어떤 복무규정으로도 방향을 잡아줄 수가 없다. 행정은 문서화된 직무나 복무규정에 의해서가 아니라 관료제 역사에 의해 축적된 경험에 의해서 하여지는 것이라 답습행정(踏襲行政)으로 불리기도 한다. 이것은 선진국의 경우에도 정도의 차이는 있겠지만 마찬가지이다.

　또 주의해야 할 것은 행정은 '공무원 개인'이 아니라 '공무원 집단'에 의해 행해지는 것을 의미한다는 점이다. 이 점은 조금만 생각해보면 누구나 쉽게 이해할 수가 있다. 공무원 각자가 아무리 열심히 일을 해도 그 일이 어떻게 수천만, 수억의 사람들을 규율할 수가 있겠는가. 공무원 각자가 적당히 일을 해도 그 일이 조직화되기 때문에 수천만, 수억의 사람들을 규율하게 되는 것이다.

　이해를 돕기 위해서 실례를 하나 들어보기로 하자. 김영삼 정부 때 공무원들이 복지부동이 되어 일을 안 하자 그의 오른 팔 최형우가 사기진작을 위하여 시청 하위직 공무원을 대거 특별 승진시킨 적이 있었다. 그런데 그 조처는 사기를 진작시키는 것이 아니라 오히려 떨어뜨렸다는 지적이 있었다. 승진된 사람들 수는 전체 공무원의 1%에도 못 미치는 적은 것이기 때문에 직접적 효과가 적었을 뿐만이 아니라 또한 승진된 사람들과 승진되지 못한 사람들 간에 위화감을 조성시켰다는 것이다. 그런 지적은 옳지만 피상적인 것일 뿐이다.

　최형우 특별 승진의 진정한 부작용은 다음과 같은 것이다. 공무원들은 승진을 자기 생명처럼 중요시한다. 승진된 사람들은 기뻐 열심히 일을 하고 승진되지 못한 사람들도 특별승진의 기회가 있는 것을 알고 그것을 잡기 위해서 열심히 일하게 된다. 그런데 생명 같은 승진권이 공무원 조직에게서가 아니라 김영삼 측근에게 있는 것이 확인되었다. 그들은 승진을 위해서 눈에 보이지 않는 일, 공무원조직의 일은 내팽개쳐버리고 대신에 눈에 보이는 일, 직무문서에 규정된 일만을 찾아 한다. 그래서 행정이 잘 안 되는 것이다. 행정은 공무원 개인의 일이 아니라 공무원 조직의 일이기 때문이다.

어떤 공무원이 직무 문서에는 없지만 공무원조직의 일인 것을 하려고 국민 속으로 들어가 - 결과적으로, 복무규정을 어기고, 근무지를 이탈하고 직무문서의 일을 소홀히 한다 - 직무문서에 없는 일을, 조직의 일을 해도 그는 행정 일을 열심히 하고 있는 것이다. 그러나 근무지를 이탈하지 않고 직무문서의 일을 열심히 하고 복무규정에, 형식적인 것인데도 불과하고, 어긋난 일을 절대 하지 않아서 결과적으로는 조직의 일을 소홀히 하는 공무원은 행정 일을 잘못하고 있어 복지부동의 공무원 중에 속하게 된다.

이해를 돕기 위해서 예를 하나 더 들어보기로 하자. 축구는 전형적인 조직(team work)의 경기이다. 쉬지 않고 열심히 개인플레이 하는 선수들의 팀과 적당히 쉬어가면서 하지만 팀워크플레이 하는 팀이 경기를 한다면 말할 것도 없이 팀워크플레이 하는 팀이 이긴다. 축구에서는 개인플레이를 가장 금기시 한다. 그런데 축구 골수 팬 외의 관중의 눈에는 팀워크플레이는 안보이고 개인플레이만 보이게 된다. 팀워크플레이는 말로 표현하기가 어렵다. '열심히 뛰어라'는 말은 '개인플레이 하라'는 말일뿐이다. 그래서 축구 코치가 선수들에게 작전을 내리는 것을 보면 구체적으로 어떻게 하라는 말은 적고 욕설만 많다. 축구 대스타의 경기를 보면 90분 경기 시간 중 뛰는 시간은 몇 분 안 되고 멍청히 서 있는 시간이 대부분이다.

차범근은 구미에서 아시아 축구 선수 중 전역, 현역 포함하여 최고라는 평가를 받고 있는 사람이다. 그가 한국 스타이던 시절 이야기이다. 그는 머리가 나빠 오른 쪽으로 공격하라는 지시를 받으면 백 번이 막혀도 오른 쪽으로만 공격했다고 한다. 그래서 그의 별명이 '돌대가리'였다고 한다. 팀워크플레이는 '오른 쪽으로 공격하고 열심히 뛰어라'는 코치의 지시를 어기고 '왼쪽으로 공격하고 쉬기도 할 뿐만이 아니라 경기 규정을 어기기마저도 하는 것'에 의해서 이루어지는 것이다. 팀워크플레이는 관중은 말할 것 없고 선수들 중에도 제대로 이해하는 사람이 드물다. 차범근 같은 대스타도 제대로 이해를 못했는데 다른 사람들이야 오죽하겠는가. 그는 한국에서 십여 년 간의 선수 생활을 마친 다음 유럽으로 진출하고 나서 겨우 팀워크플레이에 눈이 뜨였다.

그가 독일 분데스리가로 진출하여 세계적 스타가 되어 그의 팀과 함께 고국을 방문한 적이 있었다. 그런데 그때 그의 경기를 본 사람들은 한결같이 실망하여 '차범근은 말뚝이다'고 혹평했다. 그는 전에 고국에서 플레이할 때 열심히 뛰는 선수로 유명하였는데 그 경기 중에는 경기장에 말뚝이 박혀 있듯이 멍청하게 서 있기만 하였기 때문이다. 차범근 같은 스타도 유럽에 가서 겨우 깨달은 팀워크플레이를 보통 사람들이 깨달을 수 있었을 리 없다.

행정은 팀워크플레이로 하여지는 것이다. 적당히 일하고 놀고 복무 규정을 어기고 하는 것이 행정이다. 오로지 직무, 복무 규정에 정해진 대로 열심히 일만 하는 공무원은, 축구에서 개인플레이 하는 선수가 팀을 그르치게 하는 것처럼, 행정을 그르치게 하는 사람이다.

고건 대행체제 때 공무원들이 더 열심히 일하고 복무규정을 더 충실히 지킨 것은 아니었다. 그들은 감독체제의 허술함을 틈타서 이전보다 적게 일하고 복무규정에 어긋난 일을 더 하였을 것이다. 대신 그들은 고건 정책을 위하여 국민 속으로 들어가 눈에 보이지 않는 일을, 관료조직의 일을, 복무규정에 어긋난 일을 했다. 그 규정을 어겨도 관료출신 고건은 이해해줄 것이니까. 행정이 잘 될 수밖에 없지 않은가.

8장

한국 관료제의 실체를 규명(糾明)한다

예전에는 '군의 마음을 잡아야만 나라를 다스릴 수가 있다'고 사람들은 말했다. 그러나 이제는 '관료의 마음을 잡아야만 다스릴 수가 있다'고 말을 바꾸어야만 할 것 같다. 치국의 키를 쥐고 있는 관료는 어떤 자인가. 관료제의 정체는 과연 무엇인가. 지금부터 그 실체를 규명(糾明)하여 보도록 하자.

한국 관료제는 맨 처음 언제 설립된 것인가. 1948년에 한국에 해방정부가 수립되었다. 그러나 오늘날 관료제의 뿌리가 그때 처음 내려진 것은 아니었다. 뿌리는 정부 수립 훨씬 이전 조선시대로까지도 거슬러 올라갈 수가 있다. 조선의 관리들이 조선 총독부의 관리가 되었고, 다시 일제시대 장교, 고등계 형사, 관리가 해방 후 한국의 장교, 경찰, 관리가 되었다. 이때 그들은 대부분 일본어를 알고 고급 일본서적을 볼 수가 있는 사람들이었다. 여기에서 한국과 북한 관료제 사이에 차이가 나타나기 시작한다. 한국관료제는 오랜 역사에 의해 축적된 지혜를 갖고 있지만 민족, 정의, 도의 차원에서는 뒤쳐져 있는 집단이었다. 그러나 관료제는 세계 어떤 나라의 경우에도 다 그러하다. 그래서 '관료제' 단어가 '병폐' 의미가 되어버린 것이다.

한국 관료조직은 지혜는 갖고 있지만 한없이 후진적인 집단이었다. 당시 한국의 모든 조직이 다 그러했다. 군대조직만이 조금 달랐을 뿐이었다. 군대조직은 역시 일본군 장교 출신으로 구성되어 있었지만 한국군 통솔권이 사실상 미군에게 있는 관계로 선진국 미국의 군대문화를 적극 받아들일 수밖에 없어 타 조직에 비해 선진적이 되어 있었다.

박정희가 혁명을 일으켜 관료제에 군대문화를 이식시켰다. 이에 한국관료제가 비로소 후진성에서 탈피할 수 있게 되었다. 그래서 사람들은 박정희의 공적을 극구 칭송한다. 그러나 박정희는 초인이 아니다. 그의 공적을 부정할 수는 없지만, 한국 관료제가 선진문화를 받아들일 수 있었던 것은 오랜 세월 축적된 지혜를 갖고 있었기 때문이다. 그 점은, 2차 대전 후 세계 후진국의 각국 관료제는 미국 선진 행정문화가 들어갔으나 그 문화를 받아들이는데 실패했다는 데에서 확인할 수가 있다.

관료제는 살아있는 생물처럼 다루어야 한다

김영삼 문민정부가 등장하자 한국 관료제는 30년 전 개발독재 때 만들어진 것이니 뿌리째 개혁을 해야 한다는 의견이 대두되었다. 그러나 그 견해는 아주 잘못된 것이었다. 앞에서 밝힌 바와 같이 한국 관료제는 수십 년이 아니라 수백 년 세월에 걸쳐서 형성된 것이었다. 그런데 김영삼은 그 점에 주의를 기울이지 않고 한국 관료제를 뿌리째 흔드는 개혁, '94행정대개혁'을 단행했다. 이 개혁의 실패에 대해서는 앞에서 상세히 언급했다. 만일 '94행정개혁'이 없었다면 설혹 관료들이 새 시대에 맞게 새롭게 거듭나지는 못했다하더라도 IMF 같은 위기를 초래하지는 않게 되었을 것이라고 말하는 사람들이 있다.

행정개혁 이전에 벌써 개혁을 하면 엄청난 대가를 치르게 될 것이라고 경고한 사람들이 있었다. 물론 그들은 관료 편의 학자들이었다. 그러나 결과론이지만 그들의 견해는 옳았고 관료를 두둔하는 것이지만 관료제의 정수를 함축하는 내용을 포함하고 있었다. 그러니 행정 개혁 반대론자들의 논의를 여기에서 잠깐 살펴보는 것도 괜찮을 것 같다.

"정부 행정 조직은 살아 있는 생물체같이 다루어야지 화석같이 다루어서는 안 된다. 아직도 인간의 지식은 조직 구조와 작동의 메커니즘을 밝혀주지 못하고 있다. 조직의 관계구조는 살아 있는 생물의 신경망처럼 복잡하고 미묘하다. 조직 구조 개편을 잘못하면, 복잡하게 얽혀있는 관계구조를, 인간 지식 상 결코 이해 할 수 없는 것을 파괴하게 된다. 관계구조가 파괴된 조직에서 새로운 것이 형성되는 데에는 생물 새 신경망의 형성에 상당한 시간을 필요로 하듯이 많은 시간을 필요로 하며 때로는 그것이 영영 불가능하다."

"관료제 병리(病理) 현상은 관료제의 생명체 같은 '자기 보전'과 '현상 유지'의 속성 때문에 생긴 것이라고 관료제 병리 연구가들은 지적한다. 그러나 생물체가 병리에도 불구하고 존속할 수 있는 것은 스스로 병리를 극복하는 '자기조절' 기능, 즉 '자기보전'과 '현상유지' 기능이 있기 때문이다. 역설적인 말이지만 관료제에도 생물체 같은 훌륭한 기능이, '자기조절' 기능이 있다는 것이 관료제 병리 연구가들에 의해 지적되고 있는 셈이다."

"경제기획원과 재무부를 통합한다고 하는데 통합된 기구가 분리되어 견제와 균형을 이룰 수 있는 기구보다 낫다는 보장도 없지 않은가. 세계 각국의 역대 행정 개혁을 보아도 그것은 항상 정치적 논리와 결합하였지 본질적 문제와는 거리가 먼 것이었다."

김영삼은 어째서 94년에 무리한 행정개역을 단행하였는가

김영삼 정부는 어째서 무리한 행정개혁을 단행하였던 것인가. 지금부터 그 배경을 살펴보도록 하자.

우리나라는 관료들의 주도 하에 산업화를 추진하여 '한강의 기적'을 이룩했다. 그러나 관료제는 시대의 흐름에 맞추어 발전하지 못하여 가장 낙후된 집단이 되어버려 국가 위기의 주범이라는 악평을 받게 되었다.

관료제의 문제는 한국뿐만이 아니라 선진국의 경우에도 마찬가지였다. 그래서 1980년대부터 OECD 선진국에 작고 효율적인 정부를 위한 행정개혁 열풍이 몰아쳤다. 기구축소, 인력감축 중심에서부터 성과향상, 성과관리 중심에까지 폭넓게 진행된 OECD 국가의 행정개혁은 괄목한 성과를 거두었다고 평가되었다. 선진국이 그 개혁과정에서 발견한 가장 큰 문제점은 다음과 같은 것이었다.

"민주주의 정부에서 관료는 경쟁과 효율보다 법과 공익(公益)을 중요시하여야 한다. 민간부문과 공공부문 간에는 근본적인 차이점이 있다. 고객중심 기업가형 정부를 지향하면 관료제의 공공관리를 혼란 속에 빠지게 하고 만다. 정부 관료제의 업무는 공간적으로 뿐만이 아니라 또한 시간적으로 무수한 사람들과 관련되어 있다. 그런 업무의 성과를 평가하는 것은 전지전능한 신에 의해서만이 가능하다. 그런데도 무리하게 평가를 한다면 그것은 오랜 경험에 의해서 축적된 지식으로 하여 그나마, 가까스로 하여지고 있는 관료제의 업무를 혼란 속으로 빠뜨리고 상황에 따라서는 관료조직 자체마저 파괴시켜버린다."

쉽게 말하면, "공무원들이 하는 일은 평가할 방법이 없다. 열심히, 많이 일하는 공무원들에게 봉급을 더 많이 주는 성과급제도는 실시해서는 안 된다"는 것이다. 그렇다면 OECD 선진국은 도대체 무슨 기준으로 행정개혁을 했다는 말인가. 사실 그들은, 관료제의 본질적 문제는 방치하고, 관료제 속은 못 건드리고 껍데기만 매만진 것이었다. 1980년대에 OECD 국가들이 행정개혁을 하여 괄목한 성과를 거두었다고 자기들 스스로 평가한 것이지, 실은 원을 한바퀴 빙 돌아 원점으로 돌아와 버린 것이었다.

그래서 1990년대에는 행정개혁을 표피적으로, 소규모로 해서는 효과가 없으니 본질적으로, 대규모로 해야 한다는 기운이 세계를 덮었다. 그러나 미국, 영국, 일본 선진국은 행정개혁을 감히 대규모로 추진하지 못했다. 뉴질랜드는 예외적으로 대규모로 하였으나 국민이 수백만 명으로 정부를 관료제라고 하기도 그런 나라였다.

미국, 일본 등 선진국은 감히 행정 대개혁을 못하고 서로 눈치만 보고 있는데 한국의 김영삼이 용감히 나서, "아무도 못하는 일을 내가 할 것이다"고 호언했다. 그리고 정말로 94년에 행정 대개혁을 했다. 미국, 일본 선진국은 한국의 '94행정개혁'을 예의주시하고 있었다. 그들은 한국 개혁의 부작용을 보고 대규모 개혁을 포기하는 대신에 새로운 개혁 방식을 채택했다. 오늘날 선진국의 행정개혁은 환부를 도려내는 것이 아니라 행정부에게 스스로 '자기 치유'하는 것을 돕는 쪽으로 방향이 돌려졌다. 미국, 일본 등 선진국은 자신은 감히 대규모로 행정개혁을 하지 못하고 한국에 권하더니 그 과정을 지켜본 다음 그것을 거울삼아 방향을 전격적으로 바꾸었다.

김대중의 '성과급 제도' 실패의 교훈 - '고위공무원단 제도' 실시는 재고되어야 한다

김대중은 김영삼의 행정개혁 실패를 거울삼아 소규모 개혁에서 그치는 대신에 '중앙인사위원회'를 설치하여 개혁을 지속적으로 시도했다. '중앙인사위원회'에서는 '복지부동'의 공무원들을 일하게 만들려고 '성과급 제도'를 실시했다. 이 제도를 실시해서는 안 된다는 것은 선진국의 체험을 통하여 진작 밝혀졌는데 어째서 무리하게 실시한 것인가.

당시 위원회 책임자는 미국에서 공부한 행정학 박사 중의 박사였다. 선진국의 행정개혁 흐름에 밝은 사람이었다. 그런데 그는 어째서 실시하면 부작용만 잔뜩 많은 것이 선진국 체험으로 벌써 밝혀진 '성과급 제도'를 실시하여 가뜩이나 혼란스런 공무원사회를 더욱 혼란스럽게 만든 것인가. 제도 실시 후 그는, "내가 한국이 아니라 딴 나라에서 살고 있는 것 같다"고 탄식했다. 그는, "한국은 행정문화 후진국이다. 선진국 행정 이론, 경험은 맞지 않는다"고 생각하였던 것 같다. 그러나 성과급 제도를 실시하자 결과가 선진국의 경우와 똑 같았다. 결과뿐만이 아니라 과정도 똑 같았다. 행정문화 후진국 한국에서 실시했는데 제기되는 이의, 항의, 그리고 부작용 모두가 선진국의 경우와 아예 똑 같았다. 이에 그 책임자가 충격을 받았던 것 같다.

관료제의 정수(精髓)는 선진국과 후진국 사이에 차이가 적다. 21세기 선진국 미국 관료제의 정수는 19세기 관료제와 다르지 않다. 하물며 21세기의 국가들인 미국과 한국 사이에 무슨 차이가 있겠는가.

김대중에 이어 등장한 노무현은 국회탄핵까지 당했지만 국회의원 선거에서 젊은층, 개혁층의 지원에 힘입어 재신임을 받았다. 행정개혁의 추진력을 부여받았다고 할 수가 있다. 현재 이해찬 국무총리의 주도 하에 행정개혁이 추진되고 있다. 여권에서는 '94행정개혁'같은 무리한 개혁을 해서는 안 되지만 무슨 수를 써서라도 관료제를 근본적으로 개혁시켜야 한다고 판단한 것 같다.

'중앙인사위원회'에서는 표준화된 평가지표를 개발해내어 '고위공무원단 제도'를 전면적으로 실시하겠다고 한다. 고위공무원들이 실제 하는 일과 그들의 능력을 이미 파악했다고 생각한 것 같다. 그러나 인간사는 인간능력으로는 파악할 수 없는 일로 가득 차 있는 것임을 철학가가 아니더라도 다 안다. 개개인 고위 공무원들의 일과 능력은 파악했는지 모르지만 집단으로서의 그들의 일과 능력은, 현재 인간지식 상, 파악하는 것은 불가능하다.

공무원들을 헌신적으로 일하게 만드는 방법

전두환 정부는 그른 정권이라는 역사적 심판을 받았다. 그러나 박정희 정부의 성장개발 경제정책이 벽에 부딪쳐 기로에 섰을 때 무역 흑자국으로, 물질적 풍요의 시대로 들어서게 한 경제적 업적을 이루었다. 전두환 정부 때는 사회 전체가 혼돈에 빠져있었지만 그래도 관료조직만은 비교적 안정되어 있었다는 사실을 주목할 필요가 있다.

김영삼, 김대중 정부는 군사독재시대를 마감시키고 자유민주주의 시대를 열었다. 그러나 국민소득은 만 달러에서 십년째 정체되어 있다. 선진국으로 들어서느냐 주저앉느냐의 기로에서 나라가 헤매고 있다. 국민의 정부가 어째서 군사 정부보다 더 낮게 나라를 이끌어가지 못하여, 나라가 이렇게 혼란 속에서 헤매고만 있는 것인가.

김영삼 정부 때는 행정개혁으로 관료조직이 뿌리째 뒤흔들렸으며, 김대중 정부 때는 외부채용 등등 계속된 공무원사회 자극으로 관료집단은 '달달 볶는다'고 탄식했다. 오랜 군사정권시대가 마감돼 김영삼 문민 정부가 들어섰을 때 관료집단은 쌍수를 들고 환영했다. 그러나 '94행정대개혁'은 관료들에게 '쑥밭을 만들었다'고 자괴의 탄식을 하게 만들었다. 그로부터 지금까지 십여 년 간 공무원집단은 불안 속에 있었다는 사실을 주목할 필요가 있다.

우리나라는 지금 선진국 진입 성패의 기로에 서 있다. 현 정부는 어느 때보다도 공무원 집단에게 많은 일을 시켜야 할 때다. 우리나라가 국민소득 2만 달러 시대로, 선진국으로 진입하기 위해서는 공무원집단으로 하여금 헌신적으로 일을 하게 하는 것이 절실히 필요하다. 그러한 이유로 지난 십여 년 간 공무원집단에게 자극을 주었고 앞으로도 주려고 하는 것 같다.

그러나 역사는 우리에게 다음과 같은 교훈을 주고 있는 것이 아닌가.

공무원집단으로 하여금 열심히 일을 하게 하는 것은 '정의이념'이나 '고위공무원단, 팀제' 같은 제도가 아니다. 조직에는 스스로 병리를 극복하고 발전해 가는 속성, 생물체 같은 '자기조절기능'이 있다. 대통령에게 설혹 큰 흠이 있어도 공무원들은 충실히 일을 한다. 단 조직이 흔들리지 않고 있어야 한다. 시대 상황이 절박할수록 공무원조직을 흔들지 말고 더욱 안정시켜야 한다.

고건이 차기 대통령 예상 순위 1위가 된 이유

노무현, 이해찬은 김영삼, 김대중과 마찬가지로 상황판단을 잘못한 것으로 보인다. 대통령은 허수아비이고 치국의 키는 관료들이 쥐고 있다. 이것은 선진국의 경우에도 마찬가지이다. 'GNP 이만 불 선진경제', '정보사회에서 가장 낙후된 관료집단', '애드호크러시' '네트워크조직' '매트리스 조직' 어쩌고저쩌고 모두 부질없는 이야기들이다. 선진국에서는 관료제의 해체, 종말은 벌써 포기한지 오래이다. 관료제를 애드호크러시로 전환시켜야 한다고 결심은 했지만 시도는 감히 못하고 있다. 그들은 김영삼 정부 때 행정 개혁은 쿠데타 식으로 불시에 전면적으로 해야 한다고 외쳐댔다. 자신들은 그렇게 하지 않으면서 말이다. 지금 또, 선진국 지성인들은 관료제를 애드호크러시로 전환시켜야 한다고, '팀 제, 고위공무원단 제도'를 전면적으로 실시해야 한다고 목이 터지라고 외쳐대고 있다. 자신들은 조심스레 추진하면서 말이다. 그런데 우리가 김영삼 정부 때처럼 다시 선진국에 앞서 관료제를 애드호크러시로 전격 전환시켜야만 하겠는가.

지금 우리 정국은 혼미하고 경제는 회복될 기미를 보이지 않고 있다. 현재의 난국을 헤쳐 나가 선진국으로 진입하느냐 좌절하느냐의 키는 관료들이 쥐고 있다. 구미에서 수백 년 걸쳐 이룩한 산업화를 우리는 관료들의 주도 하에 추진시켜 수십 년 만에 이룩했다. 물론 그것은 과거 일이고 미래에는 관료들에 의존해서는 새 역사를 결코 창조할 수가 없다. 구미 진보적 지식인들이 말하는 것처럼 관료제를 없애지 못하면 인류에게 밝은 미래는 없다. 그러나 우리는 미래가 아니라 현재 사회혼란, 경제 난국을 타개하고 GNP 이만 불의 선진국으로 진입하기 위해서는 다시 관료들에게 의지하는 것 외에 뾰족한 어떤 방법이 없다.

이 점은 많은 사람들이 공감한 것 같기도 하다. 차기 대통령 후보들 중 고건이 단연 선두라고 한다. 정통관료 출신 고건이 대통령이 되어야만, 그가 관료들로 하여금 안정을 되찾고 분발하게 하여, 우리나라가 선진국 권으로 진입하는 것이 가능하게 된다는 공감으로 하여 그렇게 된 것이 아닐까.

9장

관료제에서 애드호크러시까지
- 어리석은 구미(歐美)의 석학들

20세기 들어 세계의 지성인들은 암울한 인간의 미래를 예언했다. 인간은 방대한 조직 속에서 기계 속의 한 개 톱니바퀴에 불과한 존재가 되고 만다는 것이었다. 사람들은 토끼 사육장 같은 칸막이 속에서 살게 되고 만다는 것이었다. 관료체제 하에서 개성은 박탈되거나 파괴되어 순종 아니면 죽음이 있게 될 뿐이다. 미래가 아니라 당장 사람들은 그것을 절감하며 살고 있었다. 회사원들은 관료제라는 야수에게 먹혀버릴지도 모른다는 공포로 술집을 찾고 학생들은 방황하고 발작을 일으키고 있었다. 암울한 분위기가 세상을 뒤덮자 희망을 주는 견해가, 다음과 같은 견해가 나타났다.

"미래의 조직체는 오늘날의 것과 다른 것이 될 것이다. 관료체제의 승리가 아니라 파멸이 다가오고 있다. 미래에 우리는 관료체제가 아니라 애드호크러시에서 살게 될 것이다. 미래는 변화가 극심한 사회가 된다.

그런 사회에서 경직된 관료체제로는 대응할 수가 없고, 쉽게 만들었다가 해체시킬 수가 있는 애드호크러시 조직만이 제대로 기능할 수가 있게 된다." "관료제가 완전히 없어지기 위해서는 시간이 흘러야 할 것이다. 그러나 컴퓨터화, 자동화된 설비의 발전에 의해 결국은 위계질서의 관료제는 전복되고 말 것이다."

사회심리학자이자 경영학 교수인 베니스는 (1960년대에) 다음과 같이 예언했다. "앞으로 25~50년 사이에 관료제는 종말에 이르게 될 것이다. 미래의 조직은 '이원' 또는 '다원' 조직이라고 일컬을 수 있는 것으로 그 형태는 열을 가하거나 냉각시키면 변화하지만 통상의 온도에서는 다시 원상으로 되돌아가는 플라스틱 같은 것이 될 것이다. 군대의 예를 들어 설명하면 그 의미를 보다 잘 파악할 수가 있다. 군대는 평시에는 민주적이지만 전시에는 통제된 권력 집권적 조직이 된다. 특별한 풋볼 팀의 예를 들어보면, 풋볼 외에 사커, 야구, 농구 그밖에 다른 운동의 팀으로 필요에 따라 수시로 변신한다."

20세기 후반에는 다음과 같은 견해가 나왔다.

"미래의 조직은 네트워크조직이 될 것이다. 이 조직은 특정한 개인의 의사에 의해서가 아니라 네트워크에 가담하는 사람들 공동 의사에 의해 움직여진다."

"모든 사람들이 관료를 싫어한다. 기업인들은 '관료주의'라는 단어를 '병폐'라는 의미로 사용한다. 그들은 기업인은 활동적, 생산적이고 고객을 즐겁게 하기를 열망하는 사람으로, 공무원은 나태하고 기생적이며 퉁명스런 사람으로 본다. 그러나 '관료주의'는 '공공부문'만이 아니라 '기업부문'에서도 활개를 치고 있다. 큰 조직은 '관료주의적'이 되고 만다."

"오늘날 새로운 조직방법론이 모색되고 있다. 물론 관료조직이 사라지리라고 예상하는 사람은 아무도 없다. 이 조직은 특정한 몇몇 목적에는 여전히 좋은 점을 갖고 있다. 그러나 산업사회에나 적합했던 중앙집권적 권력구조의 기업체가 정보사회에서 살아남을 수는 없다. 관료주의의 기업체는 결국에는 완전히 사라지게 될 것이다. 미래는 애드호크러시와 네트워크 형 조직체의 시대가 될 것이다.”

“일본은 말할 것도 없고 미국, 프랑스, 영국, 서독 등의 정치 선진국에서조차 나라를 이끌어 가는 자는 민주적으로 선출된 공무원이 아니라 관료들이다. 정치지도자들은 관료들을 뜻대로 부릴 수가 없다고 한탄한다. 민주 사회에서 승리하는 정당은 많은 득표를 한 당이 아니라 보이지 않는 정당, 관료당이다. 관료당은 항상 이기기만 하는 정당이다. 그러나 혁명적인 경제체제는 결국 관료제도 변혁시키고 말 것이다. 기업구조는 혁신적으로 변했다. 만일 이에 맞추어서 관료제가 변하지 않는다면 양 쪽 다 망하고 말 것이다. 선진경제 체제는 양자 간에 끊임없는 상호작용을 요구한다. 관료제와 기업은, 마치 결혼한 지 오래된 부부가 서로 상대방의 특징을 닮는 것처럼, 서로 닮아야만 하는 시대상황에 처해있다. 한쪽이 개편되면 다른 쪽도 그에 따라 개편되지 않을 수가 없다. 관료제는 민영화 흐름을 거스를 수가 없다. 민영화는 관료제의 위계질서를 무너지게 할 것이다. 새로운 통신 기술도 관료제의 위계질서를 붕괴시킬 것이다.”

“현대는 혁명적으로 변하는 시대이다. 굼뜬 관료적 방법으로는 해결할 수가 없는 문제가 매일 같이 무수히 발생한다. 정치지도자는 할 수 없이 ‘기동대책반’, ‘수뇌회의’, ‘비밀공작반’, ‘비밀팀’을 설치하여 문제를 해결하려고 한다. 그때마다 관료들의 반발이 있을 것이다. 그들은 언론에 정치지도자의 비합법적 행동을 흘려 타격을 줄 것이다. 그러나 즉각적이고 창의적인 반응이 요구되는 급속한 변화의 시기에는 정치지도자는 관료제를 따돌리고 각종 비공식 기구를 사용하여 문제를 해결하는 것 외에는 방법이 없다. 앞으로 정치가들과 관료들 간에 체제 장악을 위한 투쟁이 격화될 것이다.”

이상은 관료제에 대한 20세기 최고 석학들의 견해이다. ‘관료제는 50년 내로 종말을 맞을 것이다’고 확언했다가, ‘미래에는 정치가와 관료 간에 체제 장악을 위한 투쟁이 격화될 것이다’고 전면 수정하여 말했다. 관료제 종말에 대한 기대는 완전히 포기한 것 같다.

석학들은 관료제의 정수(精髓)를 파악하지 못하고 있다. 그들이 파악하고 있는 것이 정수 전부라면 관료제는 확실히 계속 존속될 수가 없으며 미래는 네트워크조직, 탄력회사 속성을 갖고 있는 조직체의 세상이 될 것이다. 탄력회사는 인정이 흐르는, 가족 같은 조직체로 사막같이 메마른 관료제를 대신할 미래의 조직으로서 석학들이 생각하고 있는 것이다. 구미의 석학들은 관료제의 껍데기만 만져보고는 장님이 코끼리가 어쩌고저쩌고 하듯이 말하고 있는 것이 아닌지 모르겠다. 관료제는 원래부터 네트워크조직, 탄력회사 속성을 갖고 있는 조직체였다. 이에 대해서는 4부에서 자세히 다룰 것이다.

10장

한국의 21세기는 밝다

몇 해 전에 로스앤젤레스에서 흑인 폭동 사건이 발생했다. 한 흑인을 폭행한 백인 경찰관이 법정에서 무죄 판결을 받자 흑인들이 반발하여 폭동을 일으킨 것이었다. 그들이 상점을 무차별 약탈하여 상점을 운영하는 교포들이 큰 피해를 입었다.

이때에 세계적인 석학 앨빈 토플러는 다음과 같이 말했다.

"자본국가의 부는 노동자를 착취하여 형성된 것이라고 마르크스는 주장했다. 그러나 오늘날 세상은 완전히 바뀌었다. 경제가 더 이상 노동자들에게 의존하지 않게 되었다. 이 말이 의심스러우면 당장 우리 주변 기업들을 돌아보아라. 기업들은 자동화하여 저품질 노동력을 필요로 하지 않는다. 이제 그들은 고품질의 노동력을 원한다. 미국은 지금 심각한 위기에 처해있다. 국민의 대다수인 백인계 하층민, 흑인, 유색인은 교육

수준이 낮아 막노동 밖에 할 수가 없는데 기업들이 막노동을 필요로 하지 않는 것이다. 폭동이 일어날 수밖에 없다."

사실 미국은 고등교육을 받은 중류층에게도 심각한 문제점이 있었다. 기업에서는 수학, 과학적 능력을 갖고 있는 젊은 사람을 필요로 하는데 이공계를 기피하여 그 능력이 있는 사람이 중류층에도 드물게 되어 버린 것이다. 최고 선진국 미국이 그러한데 다른 나라에 대해서 무슨 이야기가 더 필요하랴. 그런데 뜻밖에도 특별한 나라가 하나 그것도 중진국에 있다.

한국에서는 대학교에서 수학, 과학 교육을 받은 젊은이들이 해마다 무더기로 쏟아져 나오고 있다. 우리나라는 원래부터 교육열이 높았다. 그래서 해방 후 고등교육을 받았으나 일자리가 없는 룸펜(Lumpen)들이 많았다. 그 룸펜들 덕택으로 박정희가 1960년대에 산업화를 추진할 수가 있었던 것이다. 물론 21세기 경제는 60년대 룸펜보다 질적으로 더 우수하고 수적으로 더 많은 사람들을 필요로 한다.

한국은 국민 수에 비례한 대학교와 대학생 수에서 선진국을 능가한다. 그러나 세상이 나날이 발달해 가 대학 졸업만으로는 시대에 맞는 능력을 갖추기가 어렵게 되었다. 이제 학생들에게 특별한 교육을 실시해야만 한다.

인간의 지적 능력은 사실상 유아기 때 결정된다는 사실이 심리학 등에 의해 밝혀졌다. 이제 시대에 맞는 능력을 갖추기 위해서는 유아기 때부터 수학, 과학, 논리 교육을 받아야만 한다. 그러나 그것은 말이 쉽지 국민으로 하여금 갑자기 그렇게 하게 하는 것은 극도로 어려운 일이다. 현재 각국은 실로 난관에 봉착해 있는 것이다. 그런데 그 문제에 있어서도 한국은 또 예외이다.

한국에서 신문은 어린이 수학, 논리 교육 란을 따로 만들어야만 팔린다. 우리나라 부모들은 진작부터 어린이 수학, 논리 교육에 열심이었던 것이다. 그러니 우리나라의 21세기는 1960년대보다 더 밝은 것이 되지 아니 하겠는가. 1997년에 IMF가 닥쳤을 때 사람들은 이제는 끝장이라고 땅이 꺼지라고 한숨을 쉬었다. 그러나 국외에서는 한국의 장래를 낙관했다. IMF지원은 불필요한 것이라는 견해도 있었다. 그들이 그런 데에는 이유가 있었던 것이다.

출생률 저하 문제

지금 한국은 출생률 저하 문제로 고민하고 있다. 한 가정이 한 아이만 갖고 있는 것이다. 젊은이 한 명이 세 명의 노인을 부양해야 하는 노령사회가 곧 되고 만다고 고민하는 사람들이 많이 있다. 그러나 노령사회 문제는 그렇게 고민하지 않아도 될 것 같다. 한 세대 전에 각 가정은 다섯, 열 명의 아이를 가졌다. 그러니 노령사회 시대가 오는 것은 당연한 일이다.

아이를 기르는 데에는 많은 비용이 들어가기 때문에 젊은이 한 명이 아이 한 명을 기르는 것은 보통 어려운 일이 아니다. 그러나 젊은이 한 명이 노인 세 명을 부양하는 것은 그렇게 어려운 일이 아니다. 노인은 기력이 쇠잔하여 활동량이 적어 부양하는데 많은 비용이 들어가지 않는다.

또, 필자도 노년기에 들어선 사람이기에 이런 이야기를 하지만, 노인은 살만큼 산 사람이니까 많은 비용을 들여 꼭 돌보아야만 하는 것이 아니다. 자고로 노인이 많아서 망한 나라는 없었다. 로마에서는 노인이 많아지면 다리를 지나가게 하여 밀어뜨렸다고 한다. 기력이 있는 사람은 버텨 살아남고 없는 사람은 아래로 떨어져 죽었다고 한다. 그러하였으니 노인이 많아서 망한 나라가 옛날에 있었을 턱이 없다. 지금 우리 농촌은 60, 70대 노인들에 의하여 유지되고 있다. 60, 70대 노인도 일자리만 주어진다면 자기 한 몸 지탱할 돈은 충분히 벌어들이니 노령사회로 들어서는 것을 크게 고민할 필요는 없을 것 같다.

출생률 저하로 인구가 줄어 고민하는 사람들이 있다. 그러나 우리나라는 인구밀도가 세계에서 손꼽히는 나라이다. 적정 인구가 되기 위해서는 좀 줄어야 한다. 그러니 인구가 주는 것도 크게 걱정할 필요는 없을 것 같다.

노령사회, 인구감소 문제는 크게 걱정하지 않아도 되는데 '한 가정 한 아이' 현상만은 아무래도 보통문제가 아닌 것 같다. 당장은 문제가 아니지만 장차가 큰 문제이다. 한국에 사는 사람들이 줄어드는 것이 아니라 드물게 되어버리기 때문이다. 그렇게 된다면 그보다 더한 재앙이 또 어디 있겠는가. 우리는 지금 만사를 제쳐놓고 그 재앙에 대비해야만 하지 않겠는가. 원인을 확실히 파악하면 적절한 대책을 세울 수가 있다.

필자가 예전에 이런 내용의 미국 영화를 본 적이 있다. "한 과학자가 남자의 성욕을 없애는 약을 만들어 세계에 뿌려 모든 남자들로 하여금 섹스를 안 하게 한 다음에 세상 여자를 모두 차지하려고 한다. 그는 실험적으로 그 약을 남미 미개한 한 마을에 뿌렸다. 과연 남자들이 전혀 섹스를 하지 않아 여자들이 아이를 갖기 위하여 그들의 성욕을 자극시키려고 알몸으로 그들 앞에 가서 춤을 추었다."

인간 최고의 욕구는 섹스, 자식 사랑이다. 많은 섹스를 하고 많은 자식을 낳아 잘 기르는 것이 인간 최고의 소망이다(모든 생물이 다 마찬가지이다). 지금 아프리카, 남아시아 나라의 각 가정은 하루끼니를 걱정해야 하는 가난한 생활을 하면서도 다섯, 열 명의 자녀를 갖고 있다. 한 세대 전 우리나라 가정도 마찬가지였다. 그런데 불과 한 세대 후 어째서 이처럼 자식 갖는 일을 기피하게 되고 만 것인가. 본성에 변화가 일어나 그렇게 되었다면 절망이다.

다행히 본성에 변화가 일어난 것은 아닌 것 같다. '기러기 엄마, 기러기 아빠' 기사가 심심찮게 보도되고 있으니까 말이다. 부부 한 편이 자식 교육을 위하여 만 리 먼 땅으로 떠나 다른 편이 홀로 살고 있다. 그야말로 자식 교육을 위해서는 자신의 모든 것을 희생시키고 있는 것이다. 오늘날에도 우리나라 사람에게 인간 최고의 욕구는 – 많은 자식을 낳아 잘 기른다 – 전혀 바뀌지 않은 것이 확실한 것 같다.

그런데 어째서 각 가정은 한 아이만 갖고 있는 것일까. 정부기관 연구소의 분석 연구에 의하면 사람들이 아이를 더 갖고 싶어도 교육비 때문에 그렇게 하지 못하고 있다. 물론 그것이 첫 번째 원인이겠지만 인간 최고의 본능이 억눌려버리게 된 데에는 그것 외에 보다 더 현실적인 문제가 있을 것이다. 우리 주변을 살펴보면 그 문제를 바로 발견할 수가 있다. 옛날에는 남자는 가정 바깥일을, 여자는 안에 일을 전담하였는데 요즘에는 여자들도 바깥일에 적극 나서고 있다. 그래서 여자가 아이를 더 낳고 싶어도 그럴 수가 없는 것이다.

며칠 전 신문에 정부기관 연구소의 이런 보고 기사가 실렸다. "지금 여자들의 바깥일 종사가 부족하다. 우리 경제가 회생되기 위해서는 여자들이 적극적으로 바깥일에 나서야 한다." 그러나 지금 우리 주변을 살펴보면 여자들이 아이를 더 낳고 싶어도 바깥일 때문에 그렇게 하지 못하고 있는 형편임을 발견하게 된다. 그런데도 정부기관 연구소에서 '출생률 저하는 심각한 문제이다'고 지적하면서 한편 '여자의 바깥일이 부족하다'

고 발표한 것은 어떤 연고인가. 혹시 다음과 같이 생각하여 그렇게 발표한 것이 아닌가. "지금 '한 가정 한 아이' 현상이 심각한 문제라는 것은 우리도 안다. 그러나 그것은 당장이 아니라 미래의 문제이다. 당장은 경기회복이 심각한 문제이다. 회복을 위해서는 여자들이 더욱 적극적으로 바깥일에 나서야만 한다." 정부에서 '한 가정 한 아이' 문제보다 '경기 회복' 문제가 더 심각하다고 판단한 것 같다.

'한 가정 한 아이' 문제는 원인만은 그렇게 심각한 것이 아니니까 경기가 회복되고 GNP 이만 불 국가가 되면 그 문제는 어렵지 않게 해결할 수가 있을 것 같기도 하다. 당면 문제는 정국 안정, 경기 회복인 것 같기도 하다.

2부
CEO를 위한 삼국지

1장

시대의 기본 룰을 따른다

정치 지도자와 조폭 두목 간 차이는 백지 한 장인가

'사람에 대해 평(評)하는 것'을 의미하는 '월단평'은 요즘도 많이 사용하는 말이다. 중국 후한(後漢)시대에 허소라는 사람이 매월 초하루마다 마을 사람들의 인물평을 한 데서 유래된 말이다. 그는 관상도 잘 보았다고 한다. 삼국지의 조조는 이 시대의 사람이었다.

그가 청년시절 허소를 찾아가 자신의 관상을 보아 달라고 청한 적이 있었다. 그때 허소는, "그대는 태평시대에는 능한 신하가 되겠고, 어지러운 시대에는 간적이 될 것이요"라고 말했다고 한다. 요즘말로 풀이하면, "그대는 평화로운 시대에는 훌륭한 정치가가 될 것이고, 어지러운 시대에는 조폭의 두목이 될 것이오"라는 말이다. 미국 대통령 클린턴의 학생

시절에 담임선생이, "너는 대정치가나 갱의 두목이 될 것이다"라고 말했다고 한다. 영웅과 간적의 차이는 백지 한 장인 것 같기도 하다.

사람 사는데 폭력배가 있는 것은 어쩔 수가 없는 일이다. 고대 성현들의 국가에도, 중국 요순임금이나 조선 세종 임금 시대에도 폭력배들은 있었다. 살인, 강도를 하는 것이 아니라 국가의 기본 룰을 지키면서 폭력을 휘두르는 사람들을 요순, 세종 같은 현인들이 무자비하게 없애버리지는 않았을 것이다. 조폭도 시대의 기본 룰을 지킨다. 그래서 그들이 사회에서 사라지지 않게 되는 것이다. 그들은 권력자가 정한 국가의 기본 룰을 지키면서 조직화하여 사회에 기생했다.

구라파인들은 근대에 사흘이 멀다 하고 벌어진 전쟁으로 인하여 죽을 고생을 했다. 근대 이전 중세는 평화로운 시대였다. 사람들은 전원에서 평화롭게 살았다. 중세의 목가적인 사회를 찬미하는 사람들이 오늘날 많이 있다. 그러나 어느 석학의 연구에 의하면 중세는 서민들에게 행복한 시대가 아니었다. 중세는 비록 전쟁은 없었지만 폭력배들이 활개치는 세상이라 서민들의 고통은 극에 달해 있었다. 반면에 근대는 전쟁은 끊임없었지만 국가체제가 잡혀 폭력배들이 정비되어 서민들이 살기가 중세보다 더 좋았다. 물론 폭력배들은 대폭 줄었지만 사라진 것은 아니었다.

20세기 자본주의 국가에서도 폭력배들은 사회에 기생했고 21세기 현대에도 폭력조직을 어찌하지 못하고 있다. 폭력배들은 근절시켜야만 하는 것이 아닌가. 폭력조직을 근절시킬 수 있는 정치체제는 없는 것인가. 공산국가는 폭력조직을 근절시켰다. 그런데 조폭을 근절시킨 공산국가는 몰락하고 공생한 자본국가는 더욱 발전했다.

'시대의 룰'을 따르는 조폭 두목과 따르지 않는 정치 지도자

조폭을 근절시킨 공산국가는 일당 독재국가이고 그들과 공생한 자본국가는 다당제 경쟁 국가이다. 자본국가에서는 여당과 야당 간에 치열한 싸움이 통상 벌어진다. 그러나 그들은 모두 시대의 룰, 정치 룰을 따른다. 조폭이 권력자가 정한 국가의 기본 룰을 따르듯이 말이다. 만일 룰을 따르지 않는 정치인이 있다면 제거되고 만다. 국내외 위대한 정치가 가운데 암살 당한 사람들이 적지 않게 있다. 물론 그들은 현명하며 옳은 사람들이었다. 그러나 그들은 혹시 시대의 룰을 따르지 않았기에 암살된 것이 아니었을까.

예수

위대한 문명국 고대 그리스는 알렉산더 대왕에게 멸망당했다. 그러나 그리스 문명은 알렉산더 제국 치하 도시에서 존속했다. 카르타고와 그리스의 도시는 알렉산더 제국 이후 로마제국에게 다시 정복되었지만 그리스 문명은 여전히 존속되고 있었다. 마침내 로마제국의 학정에 견디다 못한 카르타고와 그리스 도시국가들은 사생결판의 대결을 벌인다. 결국 그 도시국가들은 패하고 로마군은 그 도시들을 파괴시켜 흔적도 안 남게 초토화시켜버린다. 그리하여 그리스 문명은 역사의 저편으로 사라져버리게 된 것이다. 세계문명 역사는 천년이 뒤쳐지게 된 것이다.

그 시대 유태국가도 로마제국에게 정복되어 있었다. 로마의 학정에 견디지 못한 유태인들은 '현인을 보내주어 로마인을 몰아내 주기'를 여호와 하나님께 기도했다. 유태인들은 로마인과 사생결판의 대결을 벌일 것을 별렀다. 현인 예수가 출현하자 유태인들은 로마인과 대결을 벌일 때가 왔다고 크게 기뻐했다. 그런데 실망스럽게도 예수는 로마제국에 순종할 것을 역설했다. 분노한 유태인들은 그를 십자가에 못 박아 죽였다.

광해군

조선 중엽의 임금 광해군은 청나라에 머리를 숙여서 재난을 피하고 청과 명이 싸우게 한 다음 어부지리를 취하려고 했다. 그는 집권 사대부들(관료)이 정한 시대의 룰인 '명나라를 받드는 일'을 하려 하지 않았다. 그래서 관료와 사대부들에 의해서 쫓겨나고 말았다. 조선을 움직이는 자는 왕이 아니라 관료, 사대부들이었다. 결국 조선은 정묘병자호란을 당하고 말았다. 당시대의 룰을 정하는 집권 사대부(관료집단)들은 그렇게 어리석은 사람들이었다.

그 사건이 관료집단의 어리석음을 나타내는 것은 아니라고 해석할 수도 있다. 광해군이 전쟁을 막아서 민중의 진정한 지지를 얻게 되면 그때에는 진짜 권력을 갖게 된다. 그는 관료집단에게 원래 어떤 원한이 있는 사람이다. 광해군은 명실상부한 권력을 장악한 다음에는 기존의 관료체제를 뒤집어 엎어버리고 새로운 관료제를 설립하려고 할는지도 모른다. 그래서 현명한 관료집단이 현명한 광해군을 제거시킨 것인지도 모른다.

소현세자

소현세자는 조선 인조 임금의 큰아들이었다. 소현세자는 뛰어난 재능의 인물로 병자호란 때 인질이 되어 청나라로 끌려가게 되지만 그곳에서 8년 간 머물면서 인질이 아니라 외교관의 역할을 했다. 그는 서양의 선진문물에 눈을 떴다.

마침내 소현세자는 고국으로 돌아왔다. 그런데 인조는 세자가 자신을 밀어 내려하는 것으로 의심했다. 세자는 부왕과의 갈등으로 몸져누운 지 사흘만에 죽었다. 귀국한지 두 달만의 일이었다. 소현세자가 인조에 의해 독살 당했다는 것이 일반적인 견해이다. 당시 상황을 살펴보면 사실일 것으로 짐작된다. 그러나 아버지가 찬탈 의심만으로 피붙이 아들을 독살시켰다는 데에는 아무래도 석연치 않은 점이 있으니, 당시 시대상황을 좀 자세히 살펴보도록 하자.

그때 인조와 집권 사대부(관료)들은 청나라를 몰아내고 명왕조를 복귀시키려 하고 있었다. 그들은 그야말로 몽상가들이었다. 소현세자는 서양문물을 접하고 새 시대의 흐름에 눈을 뜬 수재였다. 그는 시대에 뒤진 조선사회를 선진사회로 개혁시키려고 했다. 소현세자는 성리학 중심의 조선사회의 집권 사대부들에 의해 정해진 시대의 룰을 따르지 않는 이단자였다. 선각자와 몽상가 집단 간에 갈등이 깊어질 수밖에 없었다. 변화를 두려워하는 사대부들은 소현세자를 사악한 것에 빠진 반역자로 몰아 세웠다. 결국 소현세자는 죽음을 당했다.

케네디

1963년에 존 에프 케네디 미국 대통령 암살 사건이 일어났다. 온 세상 사람들은 그의 죽음을 애석해 했다. 케네디는 어째서 암살된 것인가. 여러 설이 있지만 '미국 군부와 무기상들에 의한 쿠데타 설'이 가장 설득력이 있는 것같이 보인다. 그러나 이 설에도 석연치 않은 점이 많이 있다. 따라서 그 설의 연장선상에 있지만 그 석연치 않은 점을 해소시켜주는 새로운 설에 대해서 살펴보도록 하자.

당시 케네디는 쿠바 위기를 슬기롭게 극복하여 미국은 물론 전 세계 인민의 뜨거운 갈채를 받았다. 그는 전세계 사람들의 열렬한 지지를 받았다. 미국 대통령에게는 제도상 황제 버금가는 권한이(삼권분립제도에도 불구하고) 주어져 있지만 실제 행사하는 권한은 극도로 제한되어 있다. 당시 케네디는 인민으로부터 절대적 지지를 받아 역대 대통령 중 유일하게 자신에게 주어진 권한을, 황제에 버금가는 것을 모두 행사할 수가 있게 되었다. 그래서 '자유민주주의 미국체제 수호집단(헤겔이 말하는 시대정신)'이 자신들의 체제에 대한 위협을 느껴서 암살시켜버린 것이 아니었을까. 케네디는 '시대의 룰'에 어긋났기에 암살된 것이 아니었을까.

숙적 간인 유비와 조조는 서로 연민을 느끼고 도와주기까지 했다

중국 삼국 시대는 선(善)한 유비와 악(惡)한 조조 두 영웅의 천하 쟁패전 시대였다. 그들 간은 하늘을 함께 이고 살수가 없는 숙적 관계였다. 그런데 그렇게 숙적 관계인 그들이 때로는 서로 연민을 느끼고 정을 베풀어주었다.

유비가 여포(군벌, 軍閥)에게 패하여 조조에게 도망쳐 온 적이 있다. 그 때 조조의 모사(謀士) 정욱은 조조에게, "유비는 남의 밑에 있을 자가 아닙니다. 이 기회에 죽여야 합니다"고 충고하여 주었다. 천재 조조는 자신과 유비는 하늘을 함께 이고 살수가 없다는 것을 누구보다 잘 알고 있는 자였다. 그리고 유비를 죽일 기회는 지금 뿐이라는 것도 잘 알고 있었다. 그 점은 그 무렵 조조가 유비에게, "천하에 영웅은 그대와 나뿐이다"고 말한 적이 있다는 데에서도 확인할 수가 있다. 그런데 조조는 유비를 죽이지 않고 그냥 놓아주었다.

그 무렵 조조와 유비가 천자(天子)를 모시고 산중에서 사냥을 했다. 유비에게 의제(義弟) 관우가, '이 기회에 조조를 죽이자'고 했다. 그러나 유비는 '위험하다'고 하면서 받아들이지 않았다. 이에 대해서, 조조가 수백 명 무사들의 호위 속에 있었으므로 유비의 판단이 옳았다고 사람들은 말한다. 그러나 실상은 그것이 아니지 않은가. 관우는 만군(萬軍) 가운데에 있는 적장(賊將)의 목을 벤 사람이다. 글자 그대로 만 명의 무사도 당하지 못하는 무예의 달인이다. 그때 조조와 부하들은 방심하여 사냥에 열중하고 있었다. 유비가 관우의 권고를 받아 들였다면 조조는 죽고 말았을 것이다. 그것은, "후일 유비가 당양 장판 땅에서 조조에게 대패하여 아내마저 죽었을 때 관우가 유비에게, '그 사냥 때 조조를 죽였다면 이런 일이 일어나지 않았을 것을…'이라고 탄식했다"는 역사적 기록이 있다는 데에서도 확인할 수가 있다.

관우가 조조군과 싸우다가 중과부적으로 항복한 적이 있었다. 관우의 항복의 조건은, '후일 유비가 있는 곳을 알면 그곳으로 간다. 그전에 공을 세워 보답한다'는 것이었다. 이것은《삼국지연의》에 나오는 내용이다. 그래서 사람들은 그것은 허구라고 말한다. 그러나《정사 삼국지(진수와 배송지의 기록)》를 면밀히 살펴보면 그것은 허구가 아니라 사실일 수도 있는 것으로 나타난다.

관우가 항복한 뒤 조조의 일만 군은 원소(군벌)의 십만 대군과 대결을 벌인다. 중과부적이었다. 조조군이 초반에 기선을 잡지 못하면 궤멸되는 것을 피할 수가 없는 절박한 상황이었다. 그때 관우가 만군 중의 적장의 목을 벤다. 그래서 초반에 기선을 잡은 조조군은 마침내 원소군을 격파한다.

유비가 있는 곳을 알아낸 관우는 조조를 떠난다. 조조는 자신의 천하 평정이 유비로 인하여 좌절될 수가 있다는 것을 잘 알고 있는 사람이다. 유비는 개인적으로 군사에 무능한 인물이다. 유비집단이 강한 것은 의제 관우, 장비 같은 만부부당(萬夫不當)의 용사들이 있기 때문이었다. 관우, 장비가 없는 유비라면 사실 두려울 것이 없었다.

조조는 관우를 보내준다는 것을 약속했다. 그러나 전시에, 숙적 간에 약속을 제대로 지키는 법이 어디 있단 말인가. 조조에게 부하들이 관우를 추격하여 잡아 올 것을 권했다. 그러나 조조는, "사람은 각각 섬기는 사람을 따로 갖고 있는 법이다"라고 말하면서 관우를 그냥 보내주었다. 잔인한 인간, 목적을 위해서는 수단 방법을 가리지 않는 냉혹한 법가 사상가 조조가 그런 것은 도대체 무슨 연유였을까. 이천년 전 사람이며 복잡한 성격의 인간인 조조의 심중을 우리가 알 도리는 없다. 하여튼 그는 관우를 그냥 보내 주었다.

유비와 조조는 때로는 서로 정을 느끼고 도와주기까지 했다. 진정한 영웅은 또 다른 영웅이 있어야만 나오게 된다고 한다. 시대에는 시대의 기본 룰이 있다고 한다. 영웅시대는 영웅들이 동지 관계고 숙적 관계고 간에 공생해야만 성립될 수가 있다. 삼국 영웅시대가 역사에 출현한 것은 조조와 유비 등이 영웅시대의 기본 룰을 충실히 따랐기 때문이 아닐까.

2장

CEO 조조
인간 조조

영웅인가, 간웅인가

조조와 원소가 20세 무렵에 낙양에서 유학할 때의 이야기이다. 그들은 새색시를 납치하여 겁탈하려고 그녀 집의 담을 넘어갔다가 발각돼 도망가게 되었다. 산중으로 달아나다 원소가 그만 가시덤불 물웅덩이에 빠지고 말았다. 그는 두 손을 들고 허우적거리며 조조에게 살려달라고 애원하고 추격하는 사람들은 지척에 이르러 있었다. 그 절박한 순간에 조조가 추격하는 사람들을 향하여, "도둑놈이 여기 빠져있다!"고 소리쳤다. 기겁한 원소가 자신도 모를 힘을 발휘하여 웅덩이를 빠져나와 두 사람은 도망치는데 성공했다.

– 《세설신어(世說新語)》에서

　동양에서 가장 간악한 인물로 손꼽히는 자는 단연 조조라고 할 것이다. 그것은 《삼국지연의》(이하 《연의》로 표기함)의 탓이었다. 그러나 역사 속에 실존했던 조조는 《연의》라는 소설이 창조한 그와는 상당히 다르다. 조조에 대한 재평가 운동이 요즘 활발히 일어나고 있다.

　"실존인물 조조는 한나라 말 군웅할거의 소용돌이를 잠재우고 백성들이 살아갈 터전을 마련했다. 그는 백성을 사랑한 경세제민의 정치가이며 손무 이후 가장 뛰어난 전략과 전술을 구사하여 모든 전투를 승리한 뛰어난 병법가이자 군사 지휘관이었고 또한 문학을 사랑하여 당대의 문학적 기운을 융성하게 하는 데 혁혁한 공을 세웠으며 그 자신 스스로도 빼어난 문인이었다. 조조의 매력의 실체는 상상을 초월하는 인간 경영이고 그의 사상적 본질은 합리주의와 실용주의였다. 조조의 본모습이 순전히 《삼국지연의》의 탓으로 인하여 왜곡된 것이다."

　그러나 《연의》는 조조를 간악한 인간으로 만들려다가 오히려 불세출의 영웅으로 묘사하고 말았다는 견해도 있다. 사실은 이 견해가 더 옳은 것이 아닌가.

　《연의》를 읽어보지 않은 사람들도 '간신 조조' 상에 대해서는 잘 알고 있다. 그런데 막상 읽어보면 자신이 알고 있는 상과 전혀 다른 그를 발견하게 된다. 비록 악하지만 영웅인 조조를 발견하게 되는 것이다. 나관중(《연의》의 작가)은 《연의》에서 혼신의 힘을 기울여 조조를 간악한 인물로 만들려고 했는데 결국 실패하고 만 것 같다. 사실 《연의》에는 역사상 진정한 조조의 죄악이 어떤 연고인지 빠져있다. 그의 대량학살에 대해서 살펴보도록 하자.

　조조는 자신의 일족이 서주 땅에서 몰살당하자 복수로 서주 인민을 대량 학살했다. 조조군이 통과하는 마을마다 닥치는 대로 죽이고 약탈하고는 시체를 강에 던져서 강물이 시체에 막혀 흐르지 않을 정도였다. 관도 전투에서 패한 원소군 수만 명이 조조에게 항복했다. 그러나 조조는 그들을 모조리 파묻어죽여버렸다. 조조의 친구였던 원소는 당대 최강의 군벌이 되어 그들 간은 패권을 다투는 숙적 관계가 되었다. 오환(烏丸)의 군이 조조군에게 패하자 오환 군민 이십여 만 명이 항복했다. 이십여 만 명의 태반은 중원(中原)에서 오환인에 의해 납치되어온 죄 없는 중국인들이었다. 그런데도 조조는 그 이십여 만 명을 모조리 학살시켜버렸다.

그가 서주를 정벌할 때 그의 군은 약한데 서주에는 비록 군대 수는 적지만 많은 백성들이 살고 있었다. 백성들은 창칼을 들면 군인이 된다. 조조는 초반에 서주인을 무자비하게 학살하여 그들로 하여금 공포에 질려 타 지역으로 피난가게 하려고 꾀했던 것 같다.

관도에서 패하고 항복한 원소군을 살려주면 고향으로 돌아가 다시 그의 군이 되어 조조군과 싸우게 될 것이다. 그래서 조조는 할 수없이 그들을 파묻어 죽였던 것 같다.

조조는 만 리를 원정하여 오환국을 굴복시켰다. 그러나 오환국은 중원의 행정력이 미치지 못하는 멀고 먼 나라이다. 조조군이 돌아가면 항복했던 오환인은 다시 반기를 들게 될 것이다. 그리고 조조군은 다시 원정하여 토벌할 수가 없게 된다. 납치된 중원인들은 원래 원소를 따르던 사람들이었다. 이에 조조는 이십여 만 명을 무차별 학살시켰던 것 같다.

그러나 히틀러의 대량학살도 조조의 경우와 마찬가지로 원인이 있었다. 히틀러와 달리, 조조의 대량학살은 당시에는 변명이 통했다. 그러나 그의 죄과가 역사의 심판을 면할 수는 없다. 조조는 자신이 역사상 가장 간악한 인물이 되고 만 것에 대해서 억울하다고 해서는 안 된다. 그의 변호에 열중하는 사람들은 다시 생각해보아야 한다.

조조를 악인으로 묘사하는 데 최고의 사료인 위 세 가지 중 단지 한 가지만이 《연의》에 나온다. 그를 악인으로 만들려면 그의 다른 악한 행동은 눈감아 주더라도 대량학살 두 가지를 빠뜨려서는 절대로 안 된다. 그런데도 무슨 영문인지 나관중은 이 두 가지를 간과했다. 아무래도 《연의》는 조조를 간악한 인물로가 아니라 불세출의 영웅으로 만들었다는 견해가 옳은 것 같다.

조조는 왕족과 부자들의 무덤을 파에쳐 금은 보옥을 탈취했다

조조는 황족과 부자들의 무덤을 파헤치고 금은 보옥을 탈취하는 만행을 저질렀다. 《연의》에서는 이 사건도 전혀 다루지 않았다. 다음은 《정사 삼국지》와 《자치통감》 등 역사 기록에 의거하여 재구성한 《정사소설 삼국지(한국방송출판 刊)》에서 발췌한 것이다.

조조는 천자를 자신의 영역권으로 옮기자, 이제 거리낄 것이 없어졌다. 그는 칠백 명의 병사를 뽑아 천자를 보호한다는 명목으로 궁궐을 에워싸게 하여 안팎을 격리시켰다. 그리고 조조 자신에게 비협조적인 태위(太尉) 양표 등을 제거시키고 자신을 비판한 의랑(議郞) 조언 등을 잡아 죽였다. 조조의 사촌 아우 조인은 조언 대신 의랑으로 임명되었으나 부대를 지휘하고 있는 관계로 하여 거의 궁궐에는 머무르지 않았지만 언제고 마음대로 궁궐을 출입할 수가 있어 천자와 대신들을 감시할 수가 있었다.

　나라의 모든 권력이 조조의 손 안으로 들어간 것 같았다. 그러나 권력도 그것을 뒷받침할 재정이 있어야만 존재할 수가 있다. 임명된 관리에게 줄 인수를 만들 금 조각, 자수(刺繡) 조각조차 없을 정도로 국고가 텅텅 비어 있었다. 그동안 조조군은 굶주림을 간신히 면할 수가 있었는데, 그가 조정을 책임지게 되자 이제 그의 군에게로도 굶주림이 파급되었다.

　조조가 탄식했다.

　"조정이 이렇게까지 궁핍한지 알았다면 천자를 영접하러 오지 않았다!"

　조조와 막료들은 조정의 빈궁을 타개하기 위하여 백 가지로 궁리하여 보았지만 뾰족한 어떤 방법이 없었다.

　이윽고 그가 막료들을 설득하여 말했다.

　"지금 조정에는 관리들에게 줄 인수를 만들 금 조각도, 자수 조각도 없소. 그런데 무덤 속에는 금은 보옥이 널려 있소. 그것은 원래 죽은 사람이 아니라 산 사람을 위해 있는 것이요."

　조조는 황족과 부유한 사람들의 무덤을 파헤치고 금은 보옥을 끄집어내라는 명령을 내렸다. 미신은 개화된 사람들보다 야만의 사람들에게 더 많은 법이었다. 동탁(군벌)이 수도 낙양을 불사르면서 황족들의 능을 발굴하라는 명령을 내려 능이 파헤쳐지고 금은 보옥이 탈취되었다. 그러나 그의 부하들은 대부분 서량 땅의 미개한 사람들로 용맹하지만 미신이 심했다. 그 이후로는 그들조차 무덤을 파헤치는 일은 하지 않았다. 무지막지한 동탁의 부하들도 그랬는데 중원의 문명의 사람들이 능을 파헤치라는 영을 순순히 따를 리가 없었다. 조조의 그 영은 지켜지지 않고 흐지부지되고 말았다.

그는 생각했다.

'이렇게 해서는 안 된다. 조직의 힘을 이용해야 한다.'

그는 발굴 중랑장, 모금 교위 직책을 신설하여 무덤의 발굴을 조직적으로 행하게 만들었다. 이윽고 무덤의 발굴이 행하여져 금은 보옥을 얻게 되었다. 조직의 움직임에는 무섭고 무자비한 면이 있다. 무덤의 발굴이 대량으로 행해져서 존귀한 황족의 분묘가 파헤쳐져 널이 부서지고 시체가 벌거숭이로 드러났다. 그 소식에 천자께서 우시니 백성들도 눈물을 흘리며 슬퍼했다.

존귀한 황족의 분묘를 파헤치는 것은 조조도 원하지 않은 일이었다. 당황한 그는 직접 부하들을 데리고 황족의 시체를 안장한 다음 황제를 위로하려고 궁궐로 들어갔다. 이때 삼공(三公)은 궁궐에 들어가면 칼을 반납하고 천자의 무사들의 대동 속에 천자를 뵈어야 했다. 헌제(獻帝)는 자신이 신임하는 의랑 조언을 조조가 죽여 그 분을 삭이지 못하고 있는 중이었다. 조조가 천자의 무사들을 좌우로 대동하고 궁으로 들어오자, 헌제가 노기등등하여 꾸짖었다.

"아니, 그래 선제(先帝) 형제의 분묘를 파헤쳐야만 한단 말이오?"

헌제의 호통에 조조는 실색(失色)했다. 조조는 고개를 땅에 숙이고 사죄했다. 등에서는 식은땀이 흐르고 있었다. 그는 숨도 쉬지 못하고 기어가듯이 궁궐 문을 나갔다.

그는 궁궐 문을 나오고서야 겨우 숨을 돌렸다.

'앞으로는 다시는 궁궐 안에 들어가지 않으리라.'

조조가 식은땀을 닦으며 맹세하고 있는데 모사 순욱이 들어왔다.

"아무래도 능을 발굴하는 일을 멈추어야 할 것 같습니다. 득보다 실이 몇 배나 더 큰 것 같습니다."

순욱의 그런 말에 조조도 수긍했다.

"무덤을 파헤친 것은 큰 실책이었소. 굶주림은 벗어나면 곧 잊을 수 있지만 사람들의 마음에 준 상처는 그렇지 않소. 발굴 중랑장과 모금 교위 직책을 당장 폐지시키고 발굴을 중단시키도록 하시오. 그리고 나는 다시는 궁궐에 들어가지 않을 테이니 앞으로 그대들이 알아서 하도록 하시오."

무덤의 발굴은 중단되었다. 그러나 백성들의 조조에 대한 악감정은 사라지지 않았다.

대량 학살자들 – 히틀러, 칭기즈칸, 항우, 조조

인류역사상 가장 잔인한 인간은 히틀러라고 할 수 있을 것이다. 그는 수백만 유태인들을 독가스실에서 살해했다. 역사상 가장 잔인한 인간에게도 과연 인간적인 면모가 있었을까. 히틀러 여비서의 회고록이 출판된 적이 있다. 그녀에 의하면 그는 그야말로 인간적인 면모의 인물이었다. 그녀는 히틀러에게 매료되었다고 한다.

칭기즈칸은 동서양 역사상 최고의 영웅이라고 평가받고 있다. 그는 사십여 세가 넘어 몽고를 통일하고 금나라를 침공한 다음, 서방 원정에 나섰다. 수만 리를 장정(長征)하여 위도(緯度)와 경도(經度)를 드나들면서 서방 사십여 개 나라를 정복했다. '당시 서방 세계가 아무리 내분으로 인하여 허약했다고 하지만 칭기즈칸이 어떻게 그처럼 초토화시킬 수 있었단 말인가' 하고 지금도 역사가들은 불가사의해 하고 있다. 이에 대해 가장 설득력 있는 설명은 다음과 같은 것이다. '당시 중국 문명 수준은 서방 세계에 비해서 월등했다. 높은 중국 문명을 바탕으로 하여 야만의 몽고인들이 무장했을 때 서방의 국가로서는 당할 길이 없었다.'

사실 칭기즈칸은 서방 세계에게는 휘몰아치는 태풍이었지만 중국에게는 그렇지 못했다. 그는 사십 세가 넘어 몽고를 통일했다. 그리고 이미 제국 말기에 들어선, 허약한 중원의 금나라 공략에 나섰다. 그러나 성공하지 못하고 물러나고 말았다. 서방 원정에서 돌아와 다시 금나라를 공략했으나 역시 성공하지 못한 채 육십여 세의 나이에 죽고 말았다. 결국 칭기즈칸은 허약한 중원의 금나라를 이십여 년의 세월에도 불구하고 정복에 성공하지 못한 것이다.

칭기즈칸은 사상 최고의 영웅으로 평가받고 있지만 한편 히틀러와 막상막하의 학살자였다. 칭기즈칸에 의해서 학살된 사람의 수는 중세인데도 히틀러 학살자 수에 뒤지지 않는다. 칭기즈칸은 단지 학살만 한 것이 아니라 또한 도시들을 초토화시켰다. 서양에서는 칭기즈칸을 영웅이 아니라 문명파괴 정복자로 여기고 있다.

서양에서는 가장 힘세고 용맹한 장사로서 삼손과 아킬레스를 들고 동양에서는 항우장사를 든다. 그런데 삼손과 아킬레스는 완전히 전설상의 인물인데 비해서 항우는 역사상 실재 인물이다.

항우는 불과 이십여 세 나이에 중국 최초의 통일 제국인, '차이나'라는 중국의 국제적 명칭을 낳게 한 진(秦) 제국을 불과 삼년 만에 멸망시킨 영웅 중의 영웅이다. 제왕(帝王)의 자리에 오른 적이 없는 그를 사기(史記)에서는 역대 제왕들과 같은 자리에 올려 다루고 있다. 이런 경우는 중국 역사에 전무후무하다. 항우는 중국 역사상 둘째가라면 서러울 영웅이라고 할 수 있을 것이다.

그런데 전투 중이 아니라 비전투 중 그에 의해 학살된 인민의 수는

수백만에 이른다. 항우가 학살한 사람의 수는 히틀러, 칭기즈칸에 버금
간다. 그런데도 동양에서는 항우를 영웅 중의 영웅으로 받든 것이었다.

　동양에서 가장 간악한 인물로는 통상 조조가 손꼽힌다. 그것은 소설
《삼국지연의》의 탓이다. 근대에 들어서 조조에 대한 재평가 운동이 활발
히 일어났다. 그러나 소설이 아니라 역사서 상 조조에 의해 학살된 사람
의 수는 히틀러, 칭기즈칸, 항우 등의 다음이었다. 조조는 죄 없는 백성들
을 학살하여 강에 던져 강물이 시체에 막혀 흐르지 못하게 만들었다. 항
복한 수만 병사들을 산 채로 파묻어 죽였다. 항복한 수십만 오환 인민을
학살했다. 그 때 학살된 사람들의 대다수는 오환인에 의해 납치된 죄 없
는 중국인들이었다.

　그처럼 잔인한 인간 조조에게도 과연 인간적인 면모가 있었을까. 히
틀러는 인간적 정이 넘쳐나는 인물이라고 그의 여비서가 말했다. 조조도
실로 그러했다.

조조의 애틋한 사랑

　조조는 인간적 정이 넘쳐나는 인물이었다. 특히 여자들에 대한 그의
연민은 사람들로 하여금 숙연하게 한다. 그의 애절한 사랑, 그리고 죽음
앞에서 연약한 인간이 되어 몸부림치는 그의 모습에 대해서 살펴보도록
하자.

　(조조는 지방 군벌 장수의 항복을 받아들인다. 그런데 조조는 과부
인, 장수의 숙모와의 사랑에 빠져 기습을 받고 죽을 지경에 처한다. 이때

조조의 큰아들 조앙(曹昻)이 아버지를 살리고 대신 죽는다. 조조는 위기를 벗어나 수도인 허도로 돌아온다.) 조조는 이번 싸움으로 몸도 마음도 피폐해져 쓰러질 지경이었다. 허도로 돌아와 군영을 떠나자 큰아들을 잃은 애통함이 뼛속에까지 사무쳐왔다. 그는 물에 빠져 지푸라기라도 잡는 심정으로 가정으로 달려갔다. 조조의 최초 부인은 정(丁)부인이고 후에 유부인 등을 첩으로 두었다. 유부인은 일남 일녀를 두었는데 조앙은 유부인 태생이었다. 유씨가 일찍 죽자 정씨는 자기 아들이 없는지라 조앙을 애지중지 길렀다.

지푸라기라도 잡는 심정으로 아내의 위로를 기대하며 가정으로 돌아온 조조에게 정씨는 냉담하기만 했다. 그녀는 등을 돌리고 아무런 말도 하지 않았다. 자신의 잘못을 아는 조조로서는 그저 침묵하며 정씨의 눈치를 볼 수밖에 없었다. 그러다 그가 말이라도 붙이면 그녀는 그야말로 가슴을 송곳으로 꼭꼭 찌르는 것 같은 말만 내뱉었다.

"애비가 그래 자식 대신 죽는 것이 아니라 아들이 애비 대신 죽게 해야 했단 말이요?"

"여보! 나인들 그러려고 그런 것이요? 큰아들을 잃은 내 심정인들 오죽하겠소?"

조조가 그렇게 하소연이라도 하면 정부인은 고함을 질렀다.

"닥치시오! 내 아이가 죽을 때 당신은 같이 있지 않았던 것처럼 말하는군요."

정부인은 말을 마치자 통곡하여 그치지 않았다. 조조는 더 이상 말을 못 붙이고 방을 나가 마치 집을 쫓겨나온 사람처럼 집 주위를 뱅뱅 돌았다.

'마누라라는 것이 어찌 저 모양인가. 남편이 괴로움에 빠져 있을 때

따뜻이 감싸주는 것이 마누라가 할 일이 아닌가. 큰아들을 잃은 애비의 심정은 오죽하겠는가. 그래도 자기는 친아들이 죽은 것은 아니지 않는가!'

그러나 정부인은 조조의 그런 심정은 아랑곳없이 통곡을 그치지 않았다.

마침내 조조는 그런 마누라에 대한 원망과 분통으로 하여 친정으로 쫓아내 버렸다. 사람의 심리에는 묘한 면이 있다. 앙탈을 부리는 마누라만 없어지면 마음이 좀 편해질 것 같았는데 실상은 그것이 아니었다. 오히려 허전함이 열배, 백배가 되어 가지고 밀려왔다. 정부인이 앙탈을 부릴 때에는 아들을 잃은 애통함이 그래도 잠깐이나마 무디어졌었는데 막상 그녀마저 없어지자 죽은 아들에 대한 생각이 견딜 수 없게끔 밀려왔다. 조조에게는 첩도 있고 다른 아들딸도 있었으나 정(丁)부인과 큰아들 앙(昻)에 의해서 뻥 뚫린 그의 가슴에는 아무 소용이 없었다.

허전함을 견디지 못한 조조는 마누라를 찾아 나섰다. 정부인은 친정에서 베틀을 짜고 있었다.

"조공(曹公)이 옵니다!"

조조가 오는 것을 본 집안 식구들이 정부인에게로 달려가 그렇게 알려주었다. 그러나 그녀는 고개도 돌려보지 않고 베틀만 계속 짰다. 조조는 베틀을 짜는 그녀 등뒤에서 한참을 서 있다가 등을 어루만지며 사정했다.

"여보! 나 좀 쳐다보구려. 이제 그만 우리 같이 집으로 돌아갑시다."

그러나 정씨는 쳐다보지도 않고 베틀만 짜고 있을 뿐이었다. 조조는 할 수 없이 무거운 발걸음을 옮겨 밖으로 나갔다. 그러나 대문에 이르자 발걸음이 떨어지지 않았다. 조조는 돌아서서 정씨를 바라보았다.

"정말로 안 갈 거요?"

조조는 그렇게 다시 말했다. 그러나 그녀는 여전히 고개도 안 돌리고 베틀만 짰다. 이에 조조는 할 수 없이 집으로 돌아갔다.

집으로 돌아온 그는 첩 변(卞)씨를 정부인(貞夫人)으로 삼고 정(丁)씨 집으로는 사람을 보내어 정여인을 다른 남자에게 개가(改嫁)시키라고 통고했다. 그러나 그런 조조의 권고에도 정씨 집에서는 감히 개가시키지 못했다.

(조조는 정부인을 시집으로 쫓아낸지 이십삼년 후 그의 나이 예순여섯이었을 때 마침내 운명(殞命)을 맞는다.) 건안 이십오년 정월이었다. 깊은 밤 몸의 이상을 느낀 조조는 아침에 일어나 죽을 먹었다. 그러자 식은땀이 비 오듯 흘러내렸다. 곧 의생을 불러 약을 먹었지만 효과가 없었다. 늙은 조조로서는 버틸 여력이 없었다. 그는 이제 침상에 꼼짝 못하고 누워있는 신세가 되었다. 병세가 나날이 급속히 악화되어 갔다. 조조는 죽음이 다가왔음을 알았다. 숱한 영화와 애증이 얽힌 지난날이 눈앞에 어른거렸다. 병상에는 처첩과 자식들이 지켜보고 있었다. 큰아들 조비와 셋째아들 조식은 업성에 있고 둘째아들 조창은 장안에서 대군을 인솔하고 있어 없었지만 조조에게는 그들 외에도 많은 아들이 있었다.

죽음의 시각이 다가오자 조조는 자신이 죽인 며느리 최씨에 대한 죄책감이 밀려왔다. (며느리 최씨는 비단옷을 입지 말라는 조조의 명을 거역해 사약을 받고 죽었다.) 그가 탄식하여 가족들에게 말했다.

"나는 그동안 법 집행을 정확하게 했다. 그것은 조금이라도 어긋남이 있으면 돌이킬 수 없는 큰 실수로 이어지기 때문에 그러했던 것이다. 그러나 너희들은 그런 나를 본받을 필요는 없다."

조조는 유언을 했다.

"내가 죽은 뒤에는 옛날의 장례 예법을 따르지 말도록 하라. 내 무덤 속에 황금, 옥 진귀한 보물은 절대로 넣지 마라. 장례는 간소하게 하고 끝나면 그 날로 상복을 모두 벗도록 하라. 병사들은 주둔지를 떠나지 말고 관리들은 자기 직무에 충실하도록 하라."

조조의 첩들이 처와 자식들 뒤에서 흐느끼고 있었다. 조조는 그녀들이 한없이 가엾게 느껴졌다. 처야 자기 아들들이 왕자·제후이니 계속해서 부귀영화를 누리겠지만 자신이 죽은 뒤에 첩들은 어찌 될 것인가. 자신이 처와 아들들에게 첩들을 잘 대우해주라고 당부한들 그것이 자신이 죽은 뒤에 과연 지켜지겠는가. 원소가 죽은 뒤에 그의 처는 첩들을 얼마나 잔인하게 죽이고 대했는가. 조조는 첩들에게 가까이 오게 하고는 말했다.

"내가 죽은 뒤에 그대들의 생계가 걱정되는구나. 신발 만드는 법이라도 익혀 만들어 팔아 살도록 하라."

조조는 첩들에게 어떤 재물이라도 나누어주고 싶었다. 그러나 평생을 검소하고 청렴하게 살아온 그에게는 어떤 재물이 없었다. 조조의 옷가지나 이불은 모두 족히 십년씩은 된 것들로 다만 해마다 풀어 빨고 기웠을 따름이었다. 그는 피가 거꾸로 치솟아 오르는 편두통이 있어 늘 물을 떠서 침상 머리맡에 놓아두었다. 그런데 구리 그릇에 담아 놓으니 냄새가 역겨웠다. 그래서 은으로 작고 각진 그릇을 만들게 하여 사용했다. 그러자 사람들은 그것을 이해 못하고 조조가 은붙이를 좋아하는 줄 알고 기회만 있으면 은을 바쳤다. 이에 조조는 은그릇 대신 나무로 그릇을 만들어 사용했다. 평생을 그런 식으로 살았으니 그에게 지금 사적인 어떤 재물이 있을 턱이 없었다.

지금의 조조에게 값진 것이라고는 향이 조금 있을 뿐이었다. 이 시대에 향은 값진 것이었다. 조조는 향냄새를 좋아했다. 사람들이 그것을 알게 되어 무수한 향이 조조에게 들어왔지만 그는 그것들을 국가에 귀속시켜 버렸다. 그러나 향냄새를 좋아하여 약간 남겨두었던 것이다. 이제 죽음 앞의 조조에게 값진 것이라고는 그 향이 있을 뿐이었다. 그는 향을 가져오게 했다.

"내가 그대들에게 나누어 줄 것은 이것 밖에 없구나!"

조조는 그 향을 첩들에게 골고루 나누어주었다. 그리고 좌우에 말했다.

"내가 국가의 재물을 사적으로 사용했다. 대신 내 장례식에는 향을 사르지 말도록 하라."

이제 조조는 꺼져 가는 촛불이었다. 정신이 혼미해지더니 혼수상태에 빠졌다. 그런 상태가 며칠이 계속되다 잠깐 의식을 찾았다. 그러나 이제 조조가 의식하는 것은 죽음의 고통만이 있을 뿐이었다. 죽음의 고통 앞에서는 처첩이고 자식이고 모두 다 아무 소용이 없었다.

문득 조조에게 어린 막내아들이 떠올랐다. 다른 아들딸은 모두 장성하여 지금의 조조에게는 관심 밖이었다. 그러나 죽음의 고통 앞에서도 어린 아들이 걱정되기만 했다. 그 아이는 첩의 아들인데 이미 세살 적에 어머니를 잃어버린 것이었다.

"나마저 죽으면 이 아이는 어떻게 되겠는가! 그래, 내가 이 아이에 대해 유언을 해두면 좀 낫게 되지 않을까!"

조조는 큰아들 조비에게 유언을 받아 적게 했다.

"이 아이는 세 살 적에 어머니를 여의고 다섯 살에 아버지마저 잃게 되었구나. 너에게 누를 끼치게 생겼구나!"

유언을 마친 조조는 다시 혼수상태에 빠졌다.

이튿날 조조는 다시 의식을 찾았다. 그러나 이번의 의식은 원망스럽기만 한 것이었다. 죽음의 고통이 조조를 휩싸고 있었다. 그에게 고통 이외에는 아무 것도 없었다. 이제 막내아들의 안위도 아무것도 못되었다. 그래도 조조는 행여나 자신의 고통이 덜어질까 해서 임종을 지키는 처첩과 자식들을 돌아다보았다. 그러나 그들의 존재는 자신의 고통을 덜어주기는커녕 더 하게 할 뿐이었다. 조조에게 소리지를 힘이 남아있다면, "당장 모두 내 앞에서 사라져라!" 라는 외침이 터져 나왔으리라. 죽음의 순간에 이르러 조조는 자신의 후계자 큰아들 조비가 보고 싶다고 생각했다. 그러나 그는 지금 천 리 멀리 업성에 있었다. 조조는 큰아들 조비를 머릿속으로라도 떠올리면 행여나 지금 자신의 고통이 덜어질까 해서 그의 모습을 떠올려 보려 했다. 그러나 조비의 모습은 떠오르지 않았다. 기실(其實) 지금의 조조에게는 큰아들 조비도 아무 존재가 되지 못했다. 죽음의 고통 속 조조의 눈앞에는 아무것도 보이지 않으며, 머릿속에는 아무것도 떠오르지 않았다.

고통이 더욱 더 심하여져 갔다. 조조에게 문득 두 사람이 떠올랐다. 죽음의 처절한 고통 속에서도 그는 고개를 갸웃거렸다. 뜻밖에도 그 두 사람은 바로 첫째부인 정(丁)씨와 죽은 큰아들 조앙(曹昻)이기 때문이었다. 그 두 사람은 조조가 평소에 전혀 생각하지 않는 사람들이었다.

그는 정말로 그 두 사람을 평소에 전혀 생각하지 않았던 것일까. 실상은 그렇지 않은 것이었다. 조조가 어찌 두 사람을 한시인들 잊을 수 있었으랴! 단지, 강하게 자신을 억제하여 생각하고 있지 않다고 스스로 생각했을 따름이었다. 이제 죽음의 순간에 이르러 모든 억제력이 사라지자 그 두 사람이 정면에 떠오른 것은 당연했다.

조조가 탄식했다.

"나는 지금까지 살아오면서 어떤 여자에게도 한스럽게 하지 않았다고 생각한다. 그런데 …. 만일 우리가 죽어 영혼이라는 것이 있다면 내가 죽어 앙(昻)이를 만나게 될 텐데 그때에 앙이가, '어머님은 어떻게 지내셨습니까?' 라고 묻는다면 어떻게 대답해야 할지 모르겠구나!"

조조의 눈에는 눈물이 가득했다.

마침내 그가 숨을 거두니 그의 나이 예순 여섯이었다.

원호법을 창시안, 시대를 이천년 앞서 간 선각자 조조

조조의 인간적인 면모에 대해서 더 살펴보도록 하자.

(서기 200년 조조는 원소군을 관도 땅에서 격파했다. 다시 여남 땅에서 유비군을 격파했다. 유비군을 격파한 다음….) 조조는 막료들과 상의해 황하를 건너 진군하여 원소군을 박멸하기로 결정했다. 이제 그 전에 자신의 영역을 진무하는 일이 필요하여 본 군을 이끌고 남쪽의 순시에 나섰다. 고향 땅 초현에 이르자 감회(感懷)가 새로웠다. 그런데 온 고을을 종일토록 돌아다녀 보아도 아는 사람을 만날 수가 없었다. 계속된 전쟁으로 고향 사람들 거의 모두가 죽고 만 것이었다. 조조는 서글픈 마음에 가슴이 에이는 것 같았다. 자신이 동탁 토벌의 기치를 들고 처음 기병 했을 때 그를 따랐던 병사들은 대부분 이 지역 사람들이었다. 이제 기병한지도 어느덧 십수 년의 세월이 흘러 숱한 싸움에서 많은 병사들이 죽었다.

조조는 탄식했다.

'나는 천하의 실권자가 되었다. 그러나 그동안 얼마나 많은 부하들

이 죽었는가. 무엇으로 그들에게 보상할 수 있단 말인가!'

조조는 전쟁으로 죽은 부하들의 가족을 성심껏 돌보아 주고 있는 중이었다. 그러나 죽은 사람들 중에는 가족이 없는 사람도 많았다. 조조는 초현을 떠나면서 영(令)을 내렸다.

의병에 참여하여 싸움터에서 죽은 장수와 병졸들 가운데에 만일 그들의 뒤를 이을 자손이 없다면 친척으로 하여금 대를 잇게 한 다음 농사 지을 땅을 주고 밭갈이 소를 공급하여 주도록 하라. 또 학교를 세우고 선생을 두어서 죽은 사람들의 자식들을 가르치도록 하라. 묘당도 지어 후손으로 하여금 선조에게 제사를 지낼 수 있게 하라. 이 일은 만사를 제쳐 놓고 실행하도록 하라. 만일 죽은 자의 영혼이 있다면 우리가 죽어 그들을 만나게 될 것이다. 그 때 무슨 유감이 서로에게 없도록 하라.

(조조는 서기 209년 적벽에서 유비와 손권(군벌)의 연합작전에 걸려 일생일대의 뼈아픈 참패를 맛보게 된다. 그 패배 다음 해에 조조는 육군과 수군을 인솔하고 강을 따라 내려가 합비성으로 가 군관민을 위로했다. 합비성은 중원의 동남쪽의 손권 영역과의 경계 지역이다. 적벽에서 조조군은 대패했지만 합비에서는 조조군이 손권군을 격파시켰다.) 합비의 수천 명 군사들은 십만의 손권의 대군을 격퇴시켰는데 조조 자신은 수십만의 대군을 인솔하고도 수만 명의 적에게 참패당하고 말았다. 어리석은 자신으로 인하여 죽어간 사람들이 한없이 가엾기만 했다.

조조는 솔직하게 자신의 심정을 담은 명령을 천하의 관리들에게 내렸다.

"요 몇 년 사이 우리 장졸들이 자주 싸우러 나갔는데 전투로 또는 전염병으로 인하여 많은 사람들이 목숨을 잃어 집으로 돌아가지 못했다. 부부가 다시 만나지 못하고 자식들은 터전을 잃고 뿔뿔이 흩어져 떠돌게 되었다. 어질고 사랑의 마음이 있는 사람이라면 그것이 어찌 괴롭게 느껴지지 않겠는가. 이제라도 명령하노니 관리들은 전사자의 가족 가운데 살림이 궁핍하여 제대로 살아갈 수가 없는 사람들을 찾아내 위로하고 구제하여 나의 뜻에 어긋남이 없도록 하라!"

이리하여 전사자가 있는 많은 가정이 구제 받게 되었다.

전쟁터에서 목숨을 걸고 싸운 부하들에 대한 조조의 진솔한 애정을 엿볼 수가 있지 않은가. 그가 그 시대에 내린 조치는 오늘날의 원호법과 별반 차이가 없는 것이었다. 그는 시대를 이천년 앞서간 선각자였다.

3장

괴걸(怪傑)과 명장(名將)

괴걸 정욱

조조의 모사로 정욱이라는 특이한 인물이 있다. 황건난(黃巾亂)이 일어났을 때의 이야기이다. 도적들이 쳐들어오자 고을의 관리들은 기겁하여 맨 먼저 달아나고 백성들은 혼비백산하여 성의 동쪽 산중으로 들어가 숨었다. 그 고을 사람인 정욱도 백성들 틈에 섞여 산중에 숨었다. 그런데 도적들은 겁이 났는지 지빈성으로 들어가지 않고 성 서쪽 들판에 진채를 세우고 머물렀다. 그들의 세력은 약하였던 것이다.

성안에는 양식과 무기들이 많이 있었다. 산중 백성들이 성으로 돌아가 달아난 관리들을 찾아내 함께 지키면 도적들을 격파할 수가 있었다. 정욱이 그렇게 하자고 말하자 사람들은, "적은 성 서쪽 가까이 있고 우리는 성 동쪽 멀리 있소. 우리가 성을 향해 가면 도적들은 그것을 보고 먼저 성안으로 들어갈 것이오”라고 말하며 움직이지 않았다.

그러자 정욱은 친구들에게, “민중이라는 것은 어리석은 것이요”라고 말하며 몇 사람으로 하여금 산꼭대기로 올라가서, ‘도적들이 동쪽으로부터 쳐들어온다!’고 외치게 했다. 몇 사람이 그가 시킨 대로하자 사람들은 크게 놀라 서쪽으로 달아나 모두 성안으로 들어갔다. 이에 정욱은 달아난 관리들을 찾아내 함께 성을 지켰다. 도적들이 성을 공격하였으나 격파 당하고 물러나 그 고을은 황건난 때 피해를 입지 않게 되었다.

동서고금 역사에 사람이 사람을 잡아먹은 기록이 심심찮게 나온다. 수호지는 사람 잡아 먹는 이야기이기도 하다. 식인습관은 인류에게 과연 있는 것인가. 이에 대해 연구한 인류학자들이 있다. 그 연구에 의하면, 동서고금 식인기록은 막연한 것이며 인류에게는 식인문화가 없다. 그러나 절박한 상황에서 사람이 사람을 먹은 경우는 발생하였을 것이다.

조조와 여포가 싸울 때의 이야기이다. 그 시대에는 중국 땅에 메뚜기 떼가 들판의 곡식을 모조리 먹어치우는 사건이 빈번하게 발생했다고 한다. 조조와 여포가 싸울 때도 메뚜기 떼가 들판의 곡식을 모두 먹어버려 사람들은 굶주림에 시달려야 했다. 조조는 견디다 못해 부하들을 해산하고 친구인 북쪽의 원소에게 가서 의탁하려고 했다. 그러자 정욱은 그것을 만류시키고 고향으로 돌아가 고향인들의 종자씨를 약탈하여 수십 량의 수레에 가득 실어 조조군에게 보냈다. 그런데 수레에는 마른 고기가 가득 실려 있었다. 그것은 인육(人肉)이었다. 그것을 먹고 조조군은 기사회생하여 여포군을 격파했다.

원소가 십만의 대군을 이끌고 조조를 공격할 때였다. 정욱은 칠백 명의 부하들을 데리고 전방의 외로운 성을 지키고 있었다. 그야말로 풍

전등화의 성이었다. 그런데 후방의 조조가 수천 명의 병사를 보내어 도와주려고 하자 정욱은 사양하여, "저를 지원하여주지 마시기 바랍니다. 수천 명의 지원군이 저의 성으로 오면 원소군은 반드시 성을 공격할 것이고 성은 함락되고 맙니다. 그러면 성을 잃고 조공의 군사 수천 명만 잃게 됩니다. 그러나 성에 칠백 명의 허약한 군사들만 있으면 원소군은 하찮게 여겨 그냥 지나치게 될 것입니다"라고 말했다. 이에 조조는 지원군을 보내지 않았다. 그러자 과연 원소군은 정욱의 성을 그냥 지나쳐 남쪽으로 행군했다. 정욱의 기지와 담대함이 그와 같았다.

정욱과 사이가 안 좋은 조조의 심복 몇 사람이 그에게, '정욱이 모반을 음모한다'고 고했다. 그러나 조조는 오히려 정욱에게 상을 내려주고 더욱 두텁게 대우해줄 뿐이었다. 그것을 본 정욱의 친지들이 그에게 큰 잔치를 베풀어주며 조조에게 가서 자신들에 대해서 잘 말해줄 것을 청했다. 그러자 정욱은 조조에게 가서 청을 하였는데 내용은 전혀 다른 것이었다. "저는 그동안 욕되지 않은 것에 깊이 만족합니다. 이제 그만 물러나기를 원합니다." 그리고 조조에게 표문을 올려 정욱 자신이 갖고 있는 병권을 모두 반납한 다음 집 문을 걸어 잠그고 문밖으로 나가지 않았다. 조조는 말년에 여러 부하 모사들을 의심하여 잡아 죽였다. 그러나 정욱만은 천수를 누렸다.

'간신 조조'는 '간신 사마의'로 바꾸어야 한다

삼국지를 읽어보지 않은 사람도 '간신 조조'는 안다. '간신 조조'는 우리에게 보통명사가 되었다. 그는 간사한 인물의 전형으로 동양인의 마음속에 자리 잡고 있다.

그러나 역사서, 실제 상의 조조는 간사한 인물과는 거리가 멀다. 역사서에서는 조조를 영웅 중의 영웅으로 묘사했다. 영웅 조조가 간신이 된 것은 소설《삼국지연의》의 탓이라고 한다. 그러나 막상《연의》를 읽어보면 간신과는 먼 인물 조조를 발견하게 된다.《연의》에서 조조를 악인으로는 묘사하였지만 간신으로서는 아닌 것이다. 사실 나관중은《연의》에서 조조를 간악한 인물로 만들려다가 오히려 불세출의 영웅으로 만들고 말았다는 견해가 있다.

삼국시대 역사서와 소설《삼국지연의》에서 간사한 영웅은 따로 있었다. 그 자는 조조가 아니라 사마의였다. 삼국시대는 사마씨의 서진 왕조에 의해 통일되어 막을 내렸다. 사마의는 서진왕조의 기틀을 닦은 인물이다. 사마의의 간사한 면모에 대해서 살펴보도록 하자.

사마의는 명망 있는 토호 집안의 사람이었다. 그는 젊었을 때 조조가 적벽에서 패배하자, '이제 조조의 천하 평정은 물 건너갔다. 그는 자신이 비천한 출신으로 하여 천민들을 위한 세상을 꿈꾸고 있어 사대부들의 마음을 얻지 못하고 있다. 그는 결국 실패하고 말 것이다!'라고 생각했다. 조조가 부하로 삼으려고 부르자 사마의는 거절할 꾀를 생각해내었다.

사마의는 중풍에 걸렸다며 침대에 꼼짝 않고 누워있었다. 그 소식을 들은 조조는 의심쩍어하며 말했다.

"젊은 사람이 갑자기 중풍에 걸리다니 내 부름을 거절하려고 그러는 것 아니냐?"

"제 눈으로 꼼짝 못하고 누워 있는 것을 직접 확인하였습니다."

사자가 그렇게 말해도 원래 의심 많은 조조는 믿을 수 없는지 이렇게 말했다.

"아무래도 의심쩍으니 더 살펴보고 나에게 보고하도록 하라."

이제 사마의는 정말로 꼼짝 못하는 신세가 되어버렸다. 거짓말이 탄로 나면 목이 날아갈 판이었다. 사마의가 꼼짝 못하고 누워 나날을 보내는데 어느 날 시종이 습기 찬 책을 말리려고 마당에 늘어놓고 밖으로 나갔다. 사마의가 홀로 누워 있는데 갑자기 비가 내리기 시작했다. 그는 당황하여 벌떡 일어나 책을 거두려고 마당으로 뛰어나갔다. 다음 순간 '아차' 싶어 후닥닥 다시 방안으로 돌아가 누웠다. 공교롭게 심부름하는 하녀가 그것을 보고 말았다. 이제 자신이 중풍이 들었다는 것이 거짓임이 탄로날 것이 뻔했다. 사마의가 두려워 전전긍긍하자 그의 부인 장씨가 그 하녀를 죽여 버렸다.

조조의 손자 조방이 위(魏)의 황제 자리에 올랐을 때의 일이다. 이때 조방은 열 살이 안 된 어린아이였다. 이에 대장군 조상과 태부 사마의가 섭정(攝政)을 하게 되었다. (사마의는 결국 조조의 부름을 거역하지 못하여 그의 막료가 되었다.) 그런데 태부는 아무 실권이 없는 자리였다. 이 무렵 사마의의 아내가 죽었다. 그러자 그는 병이 났다고 하면서 자신의 직책을 조정에 반납하고 일체 조정 일에 관여하지 않았다.

사마의의 병이 점점 심해지고 있다는 소문이 돌고 있었다. 그러나 병상에서 그는 큰아들 사마사에게 은밀히 검객들을 양성하라고 지시하여 놓고 있었다. 조상 일파는 경쟁자인 사마의가 모든 직책을 내놓고 물러나자 기뻤지만 지금 워낙 세상이 어수선하여 마음을 놓을 수가 없었다. 사마의가 중풍으로 회복되기 힘들다는 소문과 아울러 수상쩍은 움직임이 있다는 것도 들려왔다. 조상 일파에게는 자신들의 눈으로 직접 확인해야 할 필요성이 있었다.

마침 (조상의 심복) 이승이 형주자사로 전임하게 되었다. 그는 출발에 앞서 인사를 하려고 사마의의 집을 방문했다. 이승이 방문하자 병중의 사마의는 어쩔 수 없이 두 명의 시녀에게 부축되어 나왔다.

이승이 절하며 말했다.

"제가 이번에 형주로 부임하게 되어 인사차 왔습니다."

사마의는 이승에게 무슨 말을 하려 했으나 목이 타 입을 열 수가 없는 것 같았다. 사마의는 물을 달라는 말도 못하고 턱짓으로 시녀에게 달라고 호소할 뿐이었다. 이에 시녀가 물을 가지고 와 그에게 건네주었다. 물을 받아 마시는데 입술에 힘이 없어 줄줄 흘리더니 그만 물 사발을 엎어 가슴 언저리부터 몽땅 젖고 말았다.

마음 착한 이승은 그 광경에 눈물을 글썽이며 탄식했다.

"지병인 중풍이 재발하셨다고 들었습니다만 이렇게 나쁘실 줄은…!"

사마의가 간신히 입을 열어 말했다.

"죽는 것은 다 천명이라네. 자네가 병주로 간다고 들었는데, 병주는 오랑캐 땅에 가깝네. 만전을 기하기 바라네. 내가 자네를 다시 볼 수 있을지 모르겠네!"

"아니 병주가 아니라 형주입니다."

이승이 그렇게 말했으나 사마의는 못 알아들은 듯 이어서 말했다.

"부디 병주에 도착해서는 힘써 일하되 자기 몸을 아껴야 하네."

"아니, 병주가 아니라 형주입니다!"

이승이 그렇게 외치자 그때서야 사마의는 겨우 알아들은 듯 말했다.

"형주로 가는구먼! 나이가 들어 정신이 쇠미해져 자네가 말하는 것을 알아듣지 못했네. 이제 자네와 헤어지면 한층 더 기력이 떨어지겠지. 우리가 두 번 다시 만나기는 어려울 것이야. 오늘 식사나 함께 하세. 자네가 내 두 아들 사(師)와 소(昭) 형제와 더불어 친구의 의를 맺었으면 하네. 그래서 자네들이 좋은 관계가 되면 내가 죽어도 마음이 놓이겠네!"

사마의는 말을 채 마치지 못하고 소리 내어 울었다. 이승도 눈물을 글썽이며 말했다.

"제가 여기 온 것은 단지 어른의 가르침을 받기 위해서였습니다. 곧 돌아가 황제의 명령을 받아야 합니다."

이승은 사마의와 작별하고 측은한 마음과 함께 돌아서 갔다.

이승은 조상 등에게 돌아가 본대로 이야기했다.

"태부는 이제 기가 끊겨 신체와 정신이 따로 놀고 있습니다. 태부의 병은 구제할 길이 없게 되어버렸습니다."

이승의 그런 말은 조상 일파로 하여금 사마의에 대한 경계심을 완전히 풀게 했다.

방심한 조상은 천자를 모시고 선제(先帝)의 능으로 참배를 떠난다. 그러자 사마의는 은밀히 양성한 무사들을 동원하여 쿠데타를 일으켜 수도를 장악한다. 그러나 천자는 수도 밖 조상의 군영에 있었다. 사마의는 조상의 대장군 직위를 해제하는 데에서 그친다고 그를 속여 수도로 부른 뒤 그와 일족을 모조리 처형시켜버린다. 그렇게 사마의는 정권을 장악한다.

이상은 사마의의 간사한 일면 몇 가지만 살펴본 것이다. 《연의》에도 사마의의 간사한 행동이 많이 나온다. 역사서에서는 사마의의 간웅의 면모를 더욱 확실히 더 많이 발견할 수가 있다. 진정 간사한 영웅은 조조가 아니라 사마의이었던 것 같다. '간신 조조'는 '간신 사마의'로 바꾸어야 하지 않겠는가.

불세출의 명장(名將)은 어떻게 탄생하는가 - 개에게 주는 정도의 사랑으로는 호랑이를 길들일 수가 없다

"관우는 병사들에게 잘 대해 주지만 관료, 사대부들에게는 오만하고 장비는 지식인, 사대부들에게는 존경하고 우대해 주지만 하층 사람들에게는 경시했다. 관우는 너무 강직하고 교만하고 장비는 포악하고 은혜를 베풀지 않았다. 그런 단점으로 인하여 그들이 실패하였으니 이치상으로 당연한 것이다."

이상은 삼국지의 영웅 관우, 장비에 대한 진수의 비평이다. 진수는 《정사 삼국지》의 저자로 삼국, 진 시대의 사람이다. 어떤 견해에나 반드시 어떤 하자(瑕疵)가 있어서 반드시 어떤 이의가 제기된다. 그런데 천구백년 전 일개 서생이었던 진수의 앞의 견해에 관해서는 천구백 년 세월이 지나도 어떤 이의가 제기되지 않고 있다. 그러니 중국이 구미(歐美)로부터 정체된 문명의 국가라는 혹평을 받는 것은 이치상으로 당연한 일이 아닌가.

근래에 진수의 앞의 견해에 대한 한 이의가 제기되었다.

당초 장비의 웅장함과 용맹함은 관우에 버금갔으며 조위(曹魏)의 모사 정욱 등은, '관우, 장비는 단신으로 일만 명을 상대할만한 힘을 갖고 있다'고 칭찬했다. 관우는 하층사람들에게는 잘 대해 주지만 토호와 사대부들에게는 거칠게 대하고 장비는 사대부들은 존경했지만 하층사 람들은 거칠게 대했다. 유비는 항상 그것을 염려하여 장비에게 말하곤 했다.

"너는 법령에 따라 사람을 처형한다고 하지만 그것이 너무 심하다. 그리고 또 매일 병졸들에게 채찍질을 하면서 곁에 두고 있으니 장차 위험이 초래하게 되지 않겠느냐?"

그러나 장비는 그런 유비의 충고를 받아들이지 않았다.

신수는 위와 같이 기록하면서 장비가 포악하고 은혜를 베풀지 않아 그 단점으로 인하여 실패하게 되었으니 이치상으로 당연한 것이라고 비평했다. 그러나 우리는 여기에서 다른 각도에서 한번 생각해보기로 하자. 장비는 불운하게 허약한 유비를 섬기게 되어 중국 역사상 최고의 영웅으로 꼽히는 조조에게 대항해야만 했다. 장비는 항상 적은 병력으로 많은 군사를 상대해야 했다. 그러기 위해서는 평소 부하들에게 냉혹하게 훈련을 시키고 다루지 않을 수가 없었을 것이다. 장비는 부하들을 가혹하게 훈련시키고 다루었기에 강적과의 싸움에서 연승하여 혼자 만 명을 당한다는 명성을 얻었던 것이다.

그러나 만일 부하들을 냉혹하게 다루기만 하면 명장이 될 수 있다고 한다면, 세상에 명장이 못될 사람이 어디 있겠는가. 호랑이를 길들이기 위해서는 진실한 사랑을 주어야 한다고 한다. 개에게 주는 종류의 사랑으로서는 호랑이를 길들일 수가 없다고 한다. 장비는 호랑이 같은 부하들을 냉혹하게 다루었지만 또한 사랑을 그들에게 주었다. 언제든지 부하들이 원하면 자신의 목을 기꺼이 내줄 만큼 진실한 사랑을 주었다. 그러했기 때문에 그의 부하들이 냉혹한 훈련을 견디어 내고 기꺼이 죽을 각오로 싸움에 임하여 장비가 명장 중의 명장이 된 것이었다.

그것은 진수나 유비로서는 이해하기 어려운, 무인들만이 이해할 수 있는 세계이기도 했다. 상장군은 명령만 내리는 사람이므로 문인 출신도 능히 해낼 수 있다. 그러나 역사상 문인 출신이 명장이 된 예는 그리 많지가 않다. 그것은 바로 문인들로서는 이해하기 어려운, 무인들만의 세계가 있기 때문이었다.

– 《정사소설 삼국지》에서

"관우는 병졸들에게는 잘 대해 주었지만 사대부들에게는 교만했다. 그는 너무 강직하고 자긍심이 강하여 그 단점으로 인하여 패망했으니 이치상으로 당연한 것이다."

이상은 진수의 관우에 대한 비평이다. 몇 년 전 일이다. 한 대학 총장이 문교부 장관으로 임명되었는데 거센 반발이 있어 며칠만에 스스로 사퇴하고 말았다. 당시 문교부 직원들은 다음과 같이 말했다.

'그분이 대학 총장 시절 개혁을 하였는데 그때 적을 많이 만든 것 같다. 그러나 개혁을 하면서 적을 만들지 않을 수가 없는 것이 아닌가. 훌륭한 능력을 지닌 사람인데 이렇게 물러나니 아깝기 그지없다.'

유비는 익주를 평정한 후 제갈량, 법정, 장비, 관우 각각에게 상으로 금 오백 근, 은 일천 근, 동전 오천만 개, 비단 일천 필을 내려주었다. 그런데 당시 제갈량, 법정, 장비는 익주 평정에 큰공을 세웠지만 관우는 익주에서 멀리 떨어진 형주에서 가만히 있었을 뿐인데 유비는 관우에게도 제갈량 등과 마찬가지로 큰공을 세웠다며 큰상을 내려주었다. 왜 그랬던 것이었을까.

당시 유비는 형주의 태반의 장졸들을 이끌고 익주로 들어가 형주는 텅텅 비다시피 했다. 익주에서 익주 적군과 싸우는 동안 후방 형주가 무너지면 익주의 유비군은 끝장이었다. 텅텅 빈 형주는 북으로 조조의 중원의 백만 대군, 남으로 손권의 동오(東吳)의 수십만 대군의 위협 아래 있었으니 실로 바람 앞에 촛불 같은 처지에 놓여 있었다. 그런데도 유비군이 익주를 평정할 때까지 관우는 후방 사수를 완수했다. 그러니 당시 관우의 공훈은 제갈량 등 이상이었다고 할 수 있다. 그런데 관우는 그러한 위대한 공적을 어떻게 세운 것이었을까.

후세에 추앙 받는 명장 한 명이 나오기 위해서는 사람의 해골로 산을 민들어아 한다고 한다. 병졸들과 사대부 모두에게 잘 대해주는 것이 이상적일 것이다. 그러나 당시 관우의 처지에서 그것이 가능했겠는가. 관우는 자신의 강직함과 자긍심을 살리며 병졸들에게는 잘 대우해주었다. 그러나 형편상 사대부들에게는 거칠게 대우해줄 수밖에 없는 어떤 사정이 있었을 수가 있다. 물론 관우에게도 단점이 있었을 것이다. 그러나 성인군자라도 인간이고 단점이 있는데 하물며 일개 무장인 관우야 어떠했겠는가.

하여튼 이천년 전 일개 서생의 비평을 중국 지식인들은 그 후 이천년 세월동안 어떤 이견 없이 오로지 앵무새처럼 반복하여 인용하고만 있다.

관우의 무단통치(武斷統治) – 칼로 일어선 자는 칼로 망한다

관우는 제갈량에 이어 형주를 맡게 되자 토호와 사대부들에게 의존하는 기존 통치체제를 전면적으로 바꾸었다. 토호들의 전답을 몰수하여 인민들에게 나누어주고 부세를 거두어 주의 재정을 견실하게 했다. 평민들로부터는 부세를 높여 받았으나 대신 그동안 착취한 토호와 사대부들로부터 보호해주었다. 평민들은 비록 예전보다 더 많은 부세를 주군(州郡)에 바쳐야 했지만 생활은 오히려 더 나아지게 되었다. 이에 관우는 칭송을 받으면서 주군의 창고들을 가득 채울 수가 있었다.

관우는 또 토호와 사대부들의 종들을 해방시켜 농사를 짓거나 군무에 종사하게 했다. 토호들은 하루아침에 농토를 몰수당하고 종들을 잃게 되고 말았다.

관우 치하의 형주는 단번에 재정이 견실해지고 군대는 충실하게 되었다. 그는 견실한 주의 재정을 밑받침으로 해서 군사를 늘리고 조련하여 형주군을 불과 네 개 군 지반인데도 막강한 대군으로 변모시켰다.

사대부들은 그동안 비록 토호들같이 많은 전답을 가지고 있지 않았지만 학교를 운영하는 등에 있어서 여러모로 특권을 가지고 있었다. 따라서 그들은 백성들을 착취하여 편안한 생활을 누릴 수가 있었다. 그런데 하루아침에 모든 특권이 사라져버려 살기 위해서는 천민들처럼 군무에 종사하거나 농사를 짓거나 할 수밖에 없게 되고 말았다. 사대부들이 이렇게 비참한 처지로 떨어지자 학교를 중시하는 기풍이 사라져버렸다.

형주에는 군사들의 훈련 함성이 학생들의 글 읽는 소리를 대신하게 되었다. 이에 뜻 있는 사람들은 모두 장탄식했다.

"형주 인민에게 큰 일이 일어났구나!"

토호와 사대부들은 익주의 유비와 제갈량에게 자신들의 딱한 처지를 하소연하며 관우를 다른 사람으로 교체하여 줄 것을 요청했다. 그러나 유비와 제갈량은 관우에게 편지를 보내고 사람을 보내어 충고의 말을 전할뿐 어떤 조치를 내리지 않았다. 마침내 그동안 정치에는 초연하던 사람들도 긴 글을 써서 보내어 유비와 제갈량에게 관우를 교체하여 줄 것을 요청하게 되었다. 그러나 유비와 제갈량은 전과 똑같은 조처를 취할 뿐이었다. 기실 익주와 형주의 형편상 유비와 제갈량으로서는 당장 다른 어떤 조처를 취할 수가 없었다.

이에 형주의 토호와 사대부들뿐만 아니라 또한 다른 많은 사람들이 함께 조조에게 관우를 토벌해줄 것을 요청하게 되었다. 그러나 관우의 세력은 이미 중원의 조조를 압도하고 있었다. 조조도 유비, 제갈량과 마찬가지로 관우의 눈치만 볼뿐이었다. 형주의 토호와 사대부들은 절망감 속으로 빠지고 말았다. 여력 있는 자들은 진작 형주를 떠났고 지금 남아 있는 자들은 그럴 형편도 못 되는 사람들이었다.

그들은 반란을 일으켜 관우와 죽기 살기로 싸워볼 것도 생각해보았으나 손권, 조조가 수십만 군을 거느리고도 쩔쩔매는 관우와 싸워 이길 승산은 전혀 없었다. 천민들이 관우를 칭송하고 있어 자신들을 따를 것 같지도 않았다. 이제 그들에게 마지막 수단으로 관우를 암살하는 것이 있을 뿐이었다. 그러나 누가 감히 혼자 만 명을 당하는 무예의 달인 관우를 처치할 것인가. 토호와 사대부들은 돈을 모아 중원의 검객을 사서 관우를 살해하게 하여보았다. 그러나 괴물 같은 인간 주창과 관우의 아들 관평이 교대를 할망정 한시도 관우의 곁을 떠나지 않고 있어 중원의 검객도 어찌하지 못하고 그냥 돌아갔다.

초선이 낳은 관우의 아들 관평은 어느덧 성장하여 십팔 세가 되어 있었다. 그는 어머니를 닮아 용모가 수려하고 아버지를 닮아 체격이 건장하고 무예가 절륜(絶倫)하여 그의 무예는 벌써 젊은 날 관우에 필적하는 것이었다.

마침내 토호와 사대부들은 자포자기에 빠지고 말았다. 이제 그들이 살 길은 관우에게 달라붙는 것 하나가 있을 뿐이었다. 사대부들은 자원하여 관우의 군문으로 들어가고 그는 그들을 적재적소에 배치했다. 이에 관우군은 문무에 뛰어난 사람들로 구성되어서 전력이 한층 더 강해졌다. 형주는 완전히 관우의 세상이 되었다.

- 《정사소설 삼국지》에서

아시아 제일의 종교는 관우교이다

십삼 억 인구의 나라 중국은 무한한 잠재력의 나라이다. 동남아 경제는 화교들에 의해서 지배되고 있으니 세계의 삼분의 일이 중국인들에 의해서 지배되고 있는 셈이다. 그러니 CEO는 설혹 중국과 직접 관련이 없는 업무에 종사하고 있더라도 중국인에 대해서 관심을 가져야 할 것이다. 어떤 민족의 종교에 대해서 이해하는 것은 그 민족의 실체를 파악하는 지름길이 된다. 중국인들의 최고 종교에 대해서 살펴보도록 하자.

중국인이 최고로 받드는 신은 뜻밖에도 관우 신이라고 한다. 관제문화권이라는 말이 있다. 이는 관우 신앙이 퍼져있는 지역을 말하는 것으로 중국대륙에다가 홍콩, 마카오, 대만, 그리고 화교들이 많이 사는 말레이시아와 태국, 싱가포르 등을 포함하여 말한다. 어느 연구자에 의하면 관우신은 이슬람권을 제외하면 아시아 제일의 신이다. 아시아의 관우교 신자 수는 기독교는 아예 비교도 되지 않고 불교, 힌두교를 상회한다.

1960년대 중국 문화대혁명 때 미신타파 운동으로 인해 모든 신상들이 파괴되었다. 공자상도 예외가 아니었다. 그런 와중에서도 사람들이 관우상만은 건드리지 않았다고 하니 중국인들의 관우숭배신앙이 어떠한 것인지 짐작할 수가 있다.

관우가 그렇게 숭배 받게 된데 대해서는 여러 가지 설이 있다. 봉건 통치자들의 지배 이데올로기에 의해서 그렇게 되었다고 하고, 봉건사회 계급투쟁 중 의사(義士)를 요구하는 환경에서 그렇게 되었다고도 한다. 민간문학과 관련이 있다고 하고 순전히 민간에서 그러하게 된 것이라고 도 한다.

어떤 종교의 기원에 대해 정확히 아는 것은 그 종교의 실체를 정확히 파악하는데 도움이 된다. 관우숭배신앙의 기원에 대해서는 많은 연구가 이루어졌다. 요즘 나온 새로운 설에 대해서 살펴보도록 하자. 그것은 삼국시대 당시 형주 인민들이 동오(東吳)에 협조해 관우를 잡아 죽인 뒤 그의 원혼을 두려워하여 영전을 차려놓고 빈 것에서 비롯되었다는 설이다. 물론 역사적 기록, 관습 등에 의거하여 추론된 것이다. 관우는 무단 통치로 천하를 진동시키고 인민의 반발로 몰락했다.

그런데 오나라에 이상한 일이 일어났다. 여몽에 이어 오나라 관우 토벌 대장 손교와 장흠이 갑자기 죽은 것이었다. 여몽의 죽음은 진작부터 질병이 있었으니까 그렇다 하더라도 건강하던 손교와 장흠의 갑작스런 죽음은 사람들을 놀라게 만들었다.

"관우의 원혼이 한 짓이다!"

사람들은 수군거리기 시작했다.

손권이 막강한 관우를 사로잡아 죽인 것은 실상 형주 인민의 협조 덕택이었다. 그래서 손권도 그들에게 부세를 경감해주고 자유롭게 살게 하여 주었다. 이윽고 관우의 무단 통치에서 형주는 빗어났다. 다시 학교가 번성해져 글 읽는 소리가 들리고 사대부들이 정자 그늘에서 시를 읊는 정경을 볼 수가 있게 되었다. 토호와 사대부들은 손권을 칭송하며 형주가 다시 자유롭고 풍요로운 세상이 되었다고 말했다.

형주가 진정으로 풍요로운 세상이 된 것인가. 사실은, 토호와 사대부들에게는 다시 풍요로운 세상이 되었지만 형주 인민의 태반을 차지하는 천민들에게는 그렇지 않았다. 천민들의 형편은 더 나빠져 있었다. 물론 천민들에 대한 부세도 반감되었다. 그런데 어째서 그들의 형편이 더 나빠진 것인가.

실상, 자유가 무엇인가. 그것은, 힘있고 똑똑한 사람들이 힘없고 무식한 사람들을 착취할 수 있음을 의미하기도 한다. 관우의 통치 하에서는 비록 무거운 부세를 물어야 했지만 그런 일은 일어나지 않았다. 그런데 이제 오나라 사람들에 의해서가 아니라 같은 형주 사람들인 토호와 사대부들에 의한 천민 착취가 다시 시작된 것이었다. 관우 관부의 부세, 부역은 그들의 착취에 비하면 아무것도 아니었다. 천민들은 비로소 뼈저리게 후회하며 이전의 관우 통치시대를 그리워했다. 그러나 이미 때늦은 일이었다.

우연히도 이때에 형주에 무서운 전염병이 돌아 무수한 사람들이 죽어갔다. 이번 형양대전에 중국의 북쪽 끝에 살고 있는 사람부터 남쪽 끝 교주에 사는 사람들까지 참여한데다 수십 년 만의 물난리가 일어난 것이 아마 무서운 전염병이 발생한 원인이리라. 그러나 무식한 천민들의 생각은 거기까지 미치지 못했다. 그렇지 않아도 여몽, 손교, 장흠 등이 동시에 죽어 사람들은 벌써부터 관우의 원혼이 씌었다고 수군거리고 있는 중이었다.

"관우의 원혼이 우리 형주 사람들을 모두 다 잡아죽이려고 한다!"

형주 사람들은 겁에 질려 수군거렸다. 사람들이 전염병으로 계속 죽어가고 산 사람들은 공포로 벌벌 떨었다. 산 관우는 동오군에 협력하여 잡아죽이면 되지만 죽은 관우의 원혼은 형주 인민들이 어떻게 할 수 있으랴. 그들에게 달리 수가 없었다. 그저 관우 귀신에게 잘못했다고 비는 수밖에 없었다.

관우 영전을 차려놓고 비는 집들이 여기저기 생기기 시작했다. 후세 관우숭배신앙은 이렇게 해서 생긴 것이다.

-《정사소설 삼국지》에서

4장

시대의 이데올로기
손자병법 단상(斷想)

대통령 선거에서 후보 교체, 단일화가 안 되는 이유

우리는 해방 후 여러 차례 대통령 선거를 치렀다. 야당이고 여당이고 간에 후보 단일화를 하면 분명히 이길 수가 있는데 그렇게 하지 못하여 패하는 경우가 비일비재했다. 유망했던 후보에게 갑자기 불미스러운 점이 드러나 그의 당이 선거에서 이기기 어렵게 되었다. 이 당은 선거에서 이기기 위해서는 바로 그 후보를 교체시켜야 한다. 그런데 대개 그렇게 하지 못하고 선거를 치러 패하고 만다. 군소 정당들이 후보를 단일화하면 선거에서 분명히 이길 수가 있는데 단일화를 하지 못하고 선거를 치러 패하고 만다. 도대체 그들은 어째서 교체, 단일화를 하지 못하고 마는 것인가.

삼국지에는 원소, 유표 등 여러 군웅들이 등장한다. 그들은 후계자를 큰아들에서 작은아들로 바꾸려고 한다. 신하들이 큰아들을 바꾸면 나라가 망하게 된다고 고금의 예를 들어 만류하지만 원소, 유표는 충고를 받아들이지 않고 작은아들을 후계자로 만든다. 그래서 역사서에서는 원소, 유표를 비판하고 독자들은 두 사람의 어리석음에 혀를 내두른다. 원소, 유표의 나라는 작은아들을 새 후계자로 세움으로 인하여 멸망당하고 만다.

그런데 큰아들이 꼭 현명한 사람이기만 한 것이 아니지 않는가. 큰아들이 어리석고 작은아들이 현명한 경우도 있는 것이 아닌가. 그런데 어리석은 큰아들 대신 현명한 작은아들을 후계자로 만든 나라도 대개 망하고 만다. 그것은 어떤 연고인가. 그 이유는, 권력은 개인이 아니라 조직에 의해서 나오고 조직은 하루아침에 이룩되지 않는다는 데에 있다.

군왕의 큰아들은 장차 후계자가 될 것이므로 어린 시절부터 주변에 많은 사람들이 모여든다. 큰아들이 성장함에 따라 조직이 형성되어 힘을 발휘하게 된다. 그런데 군왕이 어느 날 후계자를 작은아들로 바꾸었다고 하자. 그럼 물론 많은 사람들이 작은아들 주변으로 모여든다. 그러나 그들이 조직을 이루어 힘을 발휘하기 위해서는 시간이 필요하다. 작은아들이 후계자가 되어 생긴 힘을 제대로 발휘하기 위해서는 사람들의 모임이 아니라 조직이 필요하다. 그러나 나라의 조직은 아직 아버지의 조직, 군왕의 조직이라 작은아들에게는 조직다운 조직이 없는 것이다.

한편 큰아들은 후계자 자리에서 물러남에 따라 공식적 힘을 상실하게 된다. 그러나 오랜 세월에 걸쳐서 형성된 조직은 쉽게 사라지지 않는다. 큰아들과 작은아들 간에 갈등이 일어나고 나라가 혼란스러워 군왕이 죽고 외부의 공격을 받으면 멸망하고 마는 것이다.

‘삼국지 삼형제’는 유비, 관우, 장비인데 조운이 추가되어 ‘삼국지 사형제’가 되기도 한다. 일본에서 실시한 ‘삼국지 등장인물 인기투표’에서 조운이 세 사람을 제치고 1위 제갈량에 이어 2위를 차지했다고 한다.

조운이 적벽대전 후 계양군의 태수로 임명된 적이 있었다. 그가 부임하자 이전태수 조범이 과부인 자신의 형수를 취할 것을 제의한다. 그러나 조운은 주공(主公) 유비의 사업이 완성되지 않은 것 등의 이유로 인하여 거절한다. 그래서 조운은 소설뿐만이 아니라 역사서에서도 극구 칭송받는다. 이례적으로,《정사소설 삼국지》에서만 조운을 비판하고 있다. 이전태수 조범은 자신의 호의를 조운이 매몰차게 거절하자 그 지역에서 사라진다. 그리고 얼마안가 조운은 유비의 내정담당으로 전임된다.

사단장이 육군본부의 간부보다 더 영예롭고 중요한 자리이다. 조운이 계양군을 원만하게 다스리지 못하여 해임되었던 것이 아닐까. 계양군은 중앙의 행정력 범위를 벗어나는 변방 오지인 관계로 중앙에서 파견된 태수는 이 지역을 다스리기 위해서는 지역 유지의 협조가 절대적으로 필요했다. 조운은 지역 유지들의 헌신적인 협력을 이끌어내기 위해서는 그들과 인척 관계를 맺는 것이 필요했다. 그런데 그는 그렇게 하지 않은 것이었다. 조운이 조범의 형수를 취하지 않은 것을 극구 칭송하는 사람들은 조직의 생리를 알지 못해서 그런 것이다. 대통령 선거에서 후보 단일화는 못하는 것이라고 말하는 사람들이 있다. 그들은 조직의 생리를 알고 있는 사람들이다. 조직의 생리, 비밀에 대해서는 4부에서 자세히 다룰 것이다.

제갈량은 추남이고 장비는 '꽃미남'이었다

미인은 통상 여자를 지칭한다. 그렇게 된 것은 아름다움은 여자에게 특별히 중요하기 때문일 것이다. 그런데 한 세대 전에는 남자는 힘세고 크고 우락부락하게 생겨야 한다는 견해가 사회를 지배하여 여자 같이 예쁜 남자는 멸시되었다. 배우는 예뻐야 하는 것은 상식 중 상식인데도 미남 배우보다 추남 배우가 더 인기를 끌었다. 옛날부터, '잘 생긴 것은 타고난 최고의 복'이라고 했다. 그런데 어째서 갑자기 잘생긴 남자가 멸시된 것인가. 한 세대 전은 이데올로기의 시대였다. 크고 강한 남자가 최고라는 사조는 시대의 이데올로기 때문이 아니었는지 모르겠다.

이데올로기의 시대를 벗어나매 이윽고 정상으로 돌아온 것인가. 요즘 '꽃미남'이라는 말이 유행하고 있다. 남자도 여자처럼 용모를 중요시하고 취직시험, 면접시험을 위해 성형수술을 하기도 한다. 잘생긴 남자는 CEO로 승진하는 데에도 유리할 것이다.

삼국지의 제갈량은 요즘말로 꽃미남이었다. 유비는 세 번이나 찾아가 간신히 그를 만났다. 제갈량은 그렇게 취직을 하였고 역사상 걸출한 CEO가 되었다. 그런데 제갈량은 사실은 꽃미남이 아니라 지독한 추남이었다는 견해가 있다.

제갈량은 동양 사람에게는 공자 다음으로 알려진 성인(聖人)이다. 그는 풍채가 어떠한 인물이었을까. '키가 팔 척이요, 얼굴은 관옥처럼 희고 표연한 풍신이 신선 같았다.' 이것은 《연의》에서 묘사된 제갈량의 모습이다. 전해오는 제갈량의 초상화도 많이 있어 사람들의 뇌리에는 네모 반듯한 신선 같은 제갈량의 모습이 깊이 새겨져 있다. 그러나 모두 후세의 가공, 창작으로 역사적 기록에 의한 그의 모습과는 정반대이다. '제갈량은 신장이 팔 척이며 삐쩍 말라 조잡하게 생겼다. 피부는 오래된 소나무 같이 말라 비틀어졌으나 오랜 사색과 수련으로 인한 내면에서 풍겨 나오는 고고함이 있었다.' 이상이 역사적 기록에 의한 제갈량의 모습이다. 손권이 제갈량의 친형 제갈근을 말상이라고 놀렸다는 정사(正史)의 기록이 있다. 제갈근은 얼굴이 길쭉한, 지독한 추남이었던 것 같다. 그 역시 제갈량처럼 키가 크고 용모가 특이하며 생각이 깊어 위엄은 있었다. 그러나 친형이 얼굴이 길쭉한 추남이었다면 제갈량도 네모반듯한 미남은 아니었을 것 같다.

제갈량 외모에 대한 역사적 기록은 정사의 그의 전기(傳記)에 의해 추정할 수 있는 외모와도 상통한다. 그는 난세에 어린 나이에 부모를 잃어 고생길에 들어섰다. 그나마 의탁하던 숙부마저 죽어 십대의 나이에 가장이 되어 농사지어 생계를 꾸려나가야 했다. 천생이 잘 생기지 못한 데다 어린 나이 때부터 농사일 속에서 살아야 했다면 그의 모습은 햇볕에 그을린 여느 촌부의 모습, 그것이었을 것이다. 제갈량은 천하의 추녀를 아내로 맞았다. 추남이라는 사실이 그러하게 된 것의 한 요인이 되었을 수도 있다. 물론 지금 어디까지나 그의 외면을 말하고 있는 것이다. 앞의 역사적 기록처럼 그에게는 깊은 사색과 수련으로 인한 내면에서 풍겨 나오는 고아(高雅)함이 있었다.

– 《정사소설 삼국지》에서

역사상 위대한 CEO였던 제갈량은 추남이었다. 그런데 추남의 전형인 장비가 사실은 꽃미남이었다는 견해가 있다. 사실, '장비가 백정의 아들이고 일자무식에 거칠고 난폭한 덩치 큰 남자'라는 것은 단지 소설에 나오는 그의 모습일 뿐이다. 장비에 대해서 소설이 아니라 역사적 기록과 사당 등 유적을 근거로 하여 살펴보도록 하자. 장비는 무뿐만이 아니라 문에도 조예가 깊은 인물이었다. 일자무식이 아니라 시문(詩文)에 능하고 시화(詩畵)에도 일가견이 있는 사람이었다.

장비의 두 딸은 모두 유선의 아내, 황후가 되었다. 봉건사회에서 황제 대다수는 호색가였다. 유선이 장비의 딸 하나쯤은 정략적 이유에서 받아들였을 수도 있다. 그런데 유선은 장비 딸을 모두 아내로 삼았다. 그것은 무엇을 의미하는가. 장비의 딸들은 모두 절세 미녀였음을 짐작할 수가 있다. 딸들이 모두 절세 미녀라면 아버지 장비가 미남이 아니었을까. 그의 용모에 대한 역사적 기록은 없다. 그러나 역사적 기록, 유적 등에 의해 추정하면 그는 미남이었다는 심증이 간다.

섹스 이데올로기

시대의 이데올로기 말이 나온 김에 섹스 이데올로기에 대해서도 살펴보도록 하자. 1960년대에 성 혁명이 일어났다. 그 원인에 대해서는 아주 많은 연구가 벌써 이루어졌다. 여기에서는 그 연구에서 빠져 있는 부분에 대해서만 살펴보기로 하자.

1960년대부터 '섹스 능력은 하면 할수록 더욱 좋아진다'는 견해가 풍미했다. '섹스는 많이 할수록 좋다, 하루에 몇 번씩 해도 괜찮다'는 것이었다. 남자 정액은 99%의 물로 구성되어 있는 것으로 별것이 아니라고 생리학자, 의사는 말했다. 섹스를 자제할 필요가 전혀 없다고 스포츠 전문가들은 말했다. 자제하면 오히려 심신에 부담을 주게 되어 선수들이 제 능력을 발휘하지 못하게 된다는 것이었다.

20세기 후반에 헤비급 복서 타이슨이 등장했을 때 권투 전문가들은 그를 핵주먹으로, 사상 최강의 복서로 평가했다. 그는 시대의 섹스 조류에 따라, 스포츠 전문가들의 견해에 따라 섹스 절제에 전혀 관심을 기울이지 않았던 것 같다. 그의 코치 팀도 시대의 조류를 감히 거역하지 못한 것으로 보인다. 타이슨은 수시로 창녀촌에 가서 몇 명의 창녀를 나란히 눕혀놓고 마음껏 욕정을 발산시켰다. 그는 과연 능력발휘를 더 잘하게 되었는가. 진짜 원인이 무엇인지는 모르지만 타이슨은 불과 20세 중반의 나이에 몰락했다.

20세기 신화적 복서로 알리, 레너드가 있다. 그들은 자신의 성욕을 엄격히 통제하였던 것 같다. 그들의 일거수일투족을 놓치지 않고 주시한 언론이 성생활에 관한 것은 재혼 사건 외에는 전혀 보도하지 못하였으니 그들은 타이슨과는 현저히 달랐다는 것을 짐작할 수가 있다. 알리와 레너드는 서른 살 중반에 이르러서야 왕자 자리에서 물러났다.

선수가 섹스를 억제하면 능력발휘를 제대로 못하게 되고 적당히 즐기면 향상시킨다는 것은 현대과학에 의해 증명되었다. 그런데 인간은 섹스에만은, 다른 동물과 마찬가지로, 적당한 선에서 그칠 수가 없다. 섹스에만은 이성(理性)이 힘을 전혀 발휘하지 못한다.

프로이트의 정신분석이론은 섹스이론이기도 하다. 그 이론에 의하면, 인간은 잠재의식에 의해 지배되고 잠재의식은 섹스본능에 의해 지배된다. 프로이트는 '섹스 본능은 신(神)도 어떻게 하지 못하는 절대적인 것'이라고 주장했다. 인간문명은 사실상 섹스 본능의 파생물에 불과한 것이라고 주장했다. 고대 동양철학에서도, 인도철학에서 섹스를 인간은 물론 신조차도 규율하는 것으로, 최고의 가치, 선(善)으로 간주했다.

섹스의 경우에는 예수, 석가 같은 성인도 예외가 될 수 없다. 그들은 완전 금욕을 선택했다. 인간과 우주의 비밀을 아는 그들이 적절한 섹스는 수도에 장애가 되지 않는다는 것을 몰랐을 리가 없다. 그러나 그들은, 다른 모든 것은 적절히 할 수가 있어도 섹스의 경우에만은 그럴 수가 없다는 것을 알았다. 그래서 수도를 위하여 완전 금욕을 선택한 것이다. 예수와 석가는 자기처럼 섹스에 완전 금욕할 수는 없어도 최대한 억제해야 한다고 제자에게 가르쳤다.

섹스에만은 어떤 사람도, 성인조차도, 과학적 데이트가 지정한 적당 선에서 그칠 수가 없고 그 선에서 조금 과하거나 부족하게 될 뿐이다. 스포츠 세계 챔피언은 자신의 능력을 100% 가깝게 발휘해야 한다. 만일 98% 이하의 능력을 발휘한다면 챔피언 자리에서 물러나야 한다. 챔피언은 섹스가 조금 부족하게 되면 1%의 능력 저하를 일으키는 반면에 조금 과하게 되면 10%의 능력 저하를 일으키게 된다. 섹스는 적정선에서 딱 그치기가 어려우니 챔피언에게는 섹스를 엄격히 통제하는 것 외에는 방법이 없다. 물론 섹스는 불가항력적인 것이라 엄격히 통제해보았자 결과는 적정선보다 조금 적게 하게 될 뿐이다.

알리와 레너드는 섹스를 엄격히 통제했다. 물론 그들은 정상보다 조금 적게 하였을 뿐일 것이다. 하여튼 그들은 선수생활을 성공적으로 했다. 타이슨은 창녀촌에서 단번에 몇 명의 창녀를 눕혀놓고 정욕을 채웠다고 언론에 보도되었으나 그의 몸은 자신뿐만이 아니라 수많은 사람들의 부가 달려있는 억만 불짜리였으므로 결코 문란한 성생활을 할 수가 없었을 것이다. 아마, 그는 단지 조금 과하게 성생활을 하였을 뿐일 것이다. 그러나 결과는 치명적이었다.

섹스에만은 어떤 사람도 과학적 데이트가 지정한 선을 정확히 지킬 수가 없다. 문제는 조금 과는 큰 과로 이어져 생활에 지장을 주기가 십상이라는 것이다. '운동선수는 섹스가 부족하게 되면 능력발휘에 지장이 있으니 억제해서는 안 된다'는 스포츠 전문가와 '섹스는 하면 할수록 더욱 강해진다'는 의사의 견해는 그야말로 보통 문제점을 갖고 있는 것이 아니다. 왜냐하면 정력이 강한 사람의 경우에는 그로 하여금 섹스를 밥 먹듯이 하게 하여 결국 몸을 망치게 만들고 정력이 약한 사람의 경우에는 섹스를 절제해야만 하는데 그렇게 하지 않게 하여 몸을 망치게 만들기 때문이다.

우리는 건강하고, 늙도록 성생활을 즐기며 살기 위해서는 전해오는 가르침에 따라 정액을 인간의 모든 기(氣)를 담고 있는 소중한 것으로 여겨 정욕을 엄격히 억제하는 것 외에는 방법이 없다. 물론, 엄격히 억제해보았자 적정선보다 조금 적게 하게 될 뿐이다. 알리와 레너드 같은 특별한 인물들의 경우에는 현저히 적게 하였을 수도 있다.

섹스에 대한 진실은 옛날부터 동서양에 공히 잘 알려져 있었다. 섹스는 인간에게 가장 중요한 것이라 옛날부터 현인들이 관심을 갖고 연구하여 그 진수가 널리 알려져 있었다. 그런데 어째서 60년대에 그렇게 무분별한 섹스 운동이 일어나게 된 것인가. 섹스의 속성에 대해서 잘 아는 지식인들이 의사고 누구고 할 것 없이 모두가 나서 무분별한 운동에 참여한 것인가.

60년대의 시대상을 살펴보도록 하자. 그 시대는 공산국가 구소련과 자본국가 미국이 극한으로 대치한 냉전시대였다. 미국, 영국 등 자본국가는 경제력과 군사력에서 소련에 앞서 있으면서도 전전긍긍하고 있었다. 공산국가는 이론적이지만 어쨌든 노동자를 위한 국가인 반면에 자본국가는 프롤레타리아 노동자에 의해 지탱되고 있는 나라이기 때문이었다. 경제인의 태반은 노동자이고 군인의 태반은 노동자의 자식이었다. 소련이 전 세계 온 노동자들을 선동시키고 있어 미국, 영국 등 자본국가는 전전긍긍할 수밖에 없었던 것이다.

인간성은 파충류적 공격성을 태반으로 하여 구성되어 있는 사실이 생리학에 의해 밝혀졌다. 그래서 인류의 미래는 비극적일 수밖에 없다고 진단하는 사람들이 적지 않게 있다. 인류의 미래는 '인간성에 자리 잡고 있는 그 파충류적 본성을 잠재울 수 있느냐 없느냐'에 달려 있다고 한다. 그런데 그 본성을 잠재우는 것이 아니라 달랠 수단조차도 인간문명에는 없다고 한다. 정치, 문화, 종교 그 무엇으로도 달랠 수가 없다는 것이다. 인간 내에 도사리고 있는 그 파충류적 공격성을 달랠 수 있는 방법은 딱 한 가지, 섹스가 있을 뿐이라고 한다. 프로이트의 이론이 옳았던 것 같다. 그의 이론에 의하면 섹스 본능은 억제되면 무시무시한 에너지로 변하여 폭발하므로 억제시키지 말고 그때그때 배출시켜야 한다. 전쟁이고 혁명이고 간에 모두가 다 섹스 본능의 표출일 뿐이다.

자본국가는 원래가 부익부 빈익빈의 나라였다. 60년대에 자본국가 인민의 태반인 하층민 노동자들은 빈곤 속에서 신음하고 있었다. 소련 등 공산국가에서는 온갖 수단을 다하여 그들을 선동시키고 있었다. 그러니 원래부터 파충류적 속성의 인간 노동자들이 들고일어나게 되는 것은 시간의 문제가 아닌가. 노동자들에 의해 국가가 전복될 때 의사 등 부르주아 계층은 나락으로 떨어지게 되고 만다. 각계 사람들은 누가 주도한 것이 아니라 자발적으로 나서 섹스 운동에 가담했다. 여기에 공산국가나 전체국가는 자본국가를 결코 따라잡을 수가 없다는 것이 다시 밝혀진다.

섹스 운동이 일어나게 된 배경에 대해서 살펴보았다. 오해 없기 바란다. 앞에서 밝혔듯이 60년대 섹스 운동의 배경에 대해서는 많은 연구가 벌써 이루어졌다. 그 연구가 절대적으로 옳고 여기의 내용은 맨 마지막 항에 부가될 수 있는 것일 뿐이다.

손자병법(孫子兵法)과 6·25 안국전쟁(1)

오늘날 손자병법에 대한 관심은 동양에서보다 서양에서 더한 것 같다. 정보 산업계의 왕자 빌 게이츠는 자신의 경영원리를 손자병법에서 찾고 있다고 한다. 구미인(歐美人)이 손자병법에 관심을 갖게 된 것은 언제부터인가. 뜻밖에도 그것은 6·25 한국전쟁 때부터라고 한다. 도대체 그때 무슨 일이 일어난 것인가.

6·25 한국전쟁 때이다. 맥아더의 인천상륙작전 성공으로 북한군의 주력은 궤멸되고 미군은 파죽지세로 북진했다. 미군은 38선에 이르자 일단 멈추어 섰다. 중공군이 미군의 북진을 경고하고 있기 때문이었다. 미군이 38선을 넘을 경우 중공군과의 한판 대결을 피할 수가 없었다. 미국 수뇌부는 중공군의 전력을 예상하여 보았다. 당시 중공군은 정규군이라고 할 수 없는 한심한 수준의 군대였다. 그들은 중일전쟁 때 현대화한 일본군의 정면대결 상대가 못되었다. 중공 홍군이 일본군을 괴롭혔지만 그것은 어디까지나 중국의 험한 산세에 의지한 덕택이었다. 한국에는 중국 홍군이 의지할 그런 산세가 없었다. 미국 수뇌부는, 중공군이 한국전에 참전할 경우 일거에 격퇴시켜 백두산 속으로 몰아넣을 수 있다는 확신

이 섰다.

이윽고 미군은 38선을 돌파하고 북진하여 압록강에 이르렀다. 예상대로 중공군은 압록강을 건너와 참전했다. 그리고 중공군의 화력은 예상했던 대로 보잘것없는 것이었다. 그들에게는 야포와 전차가 없었다. 야포와 전차가 없다면 군대라고 할 수 없고 굳이 군대라면 19세기 군대라고나 할까. 19세기 군대와 비행기까지 동원하는 20세기 군대의 대결이었다.

그런데 결과는 놀라운 것이었다. 20세기 군대가 19세기 군대에게 참패한 것이었다. 미군의 참패는 구미인들을 경악 속으로 몰아넣었다. 그들은 19세기에 진작 동양 문화에 감탄하고 관심을 가졌었다. 그러나 동양 문화에 대해서 진정으로 관심을 갖고 연구를 시작한 것은 6·25 한국전쟁 이후부터였다. 중공군의 승리는 바로 동양 정신문화 병법전술로 인한 것이라고 구미인들은 생각했다. 중공군의 승리가 손자병법 전술에 의한 것이라고 단정하여 손자병법 열풍이 구미(歐美)에서 일어나게 된 것이었다. 그 열풍은 역으로 동양으로 들어와 60년대부터는 한국과 일본에서도 손자병법 열풍이 일어나게 된다.

몇 해 전 21세기 최첨단 무기의 미군과 재래식 무기의 이라크군 간의 전투가 있었다. 무기의 수준은 그러했지만 구미인들은 현대무기의 군대가 재래식 무기의 군대에게 패배한 월남전과 아프가니스탄전의 경험을 갖고 있는지라 불안 속에 있었다. 이라크의 후세인이 손자병법을 사용하고 있다고 외신은 보도했다. 구미인이 아직도 6·25 한국전쟁의 악몽에서 벗어나지 못하고 있음을 느끼게 만드는 보도였다.

그러나 6·25 한국전쟁 때 중공군이 사용한 전술은 손자병법 전술이 아니었다. 《손자병법》은 고품격의 책이다. 당시 중공 홍군 지휘부의 지적능력은 그런 책을 숙독하고 연구하여 응용할 수준이 못되었다. 모택동에게는 그럴 지적 능력이 있었지만 그의 전반생에는《손자병법》을 숙독하고 연구할 겨를이 없었다. 모택동과 홍군 지휘부가 즐겨 읽은 책은《손자병법》이 아니라《삼국지연의》였다고 한다. 당시 중공 홍군의 전술은《손자병법》전술이 아니라《삼국지연의》병법 전술(그들이 사용한 전술을 '고대 무슨 책 전술'이라고 할 경우)이었다.

이야기를 더 거슬러 올라가 보기로 하자. 명나라 말기에 만주족 군은 자신들보다 백배 더 큰 국력의 명나라 군을 격파하고 청나라를 세웠다. 당시 만주족 군의 지휘부가 즐겨 읽은 책은《삼국지연의》로 그들의 전술은《삼국지연의》전술(그들이 사용한 전술을 '고대 무슨 책 전술'이라고 할 경우)이었다고 한다.

그럼 6·25 한국전쟁이 끝나고 구미인이 중공 홍군의 병법전술을 연구할 때 그 사실을 몰랐던 것일까. 그렇지는 않았을 것이다. 그들도 맨처음에는《삼국지연의》를 보았을 것이다.《삼국지연의》를 보고 난 뒤의 감상은 어떠한 것이었을까. 그것은 한마디로 '난센스'였을 것이다. 그들은《삼국지연의》를 던져버리고 다음으로《손자병법》을 보았다.《손자병법》을 보고 난 뒤의 감상은 어떠한 것이었을까. 한마디로 놀람과 감탄이었다. 중공 홍군의 전술은 손자병법 전술이라고 구미인은 자의(恣意)적으로 단정했다. 그리하여 손자병법 열풍이 구미에서 일어났고 오늘날까지 지속되고 있는 것이다.

역사는 종종 고품격의 책보다는 저품격의 책에 의해 더 큰 영향을 받으며, 그 사실이 왕왕 왜곡되기도 한다.

손자병법과 6·25 안국전쟁 (2) – 한국인의 '집단 무의식'에 새겨진 '돌아오지 않는 해병'

1960년대에 6·25 한국전쟁 때 한국 해병대의 활약상을 다룬 영화 〈돌아오지 않는 해병〉이 크게 히트한 적이 있었다.

현재 한국 해병대의 전력은 '귀신 잡는 해병' 신화에 걸맞은 것이라는 것을 필자는 믿어 의심하지 않는다. 그런데 필자에게는 떠나지 않는 의문이 있다. 한국 해병대의 '전쟁터에서 귀신 잡는 해병' 신화가 50년대부터 널리 유포되었다는데 6·25전사(戰史)에 그러한 한국 해병대의 활약상이 보이지 않기 때문이었다. 한국 해병대가 창설되고 막강한 전력을 갖게 된 것은 한국전쟁 훨씬 이후가 아닌가. 그렇다면 50년대부터 널리 유포된 '전쟁터에서 귀신 잡는 해병대의 신화'는 도대체 무엇이란 말인가. 필자는 다음과 같은 상상을 하여본다.

6·25 한국전쟁이 일어나자 미국은 참전하여 신병(新兵)으로 구성된 이급부대를 파견했다. 당시 미국은 사상 최강이라는 독일과 일본군을 격파한 정예군을 갖고 있었다. 그런데 어째서 한국전에 이급부대를 파견한 것이었을까. 그 이유로는 두 가지를 생각해 볼 수가 있다. 첫째 미국은 북한군과 중공군의 전력을 과소평가하였고 둘째 소련군을 의식한 것이었다.

소련은 2차 세계대전에서 사상 최강이라는 독일군을 붕괴의 길로 몰아넣은, 막강한 군대를 갖고 있었다. 한국전은 자칫하면 3차 대전으로, 미국과 소련 간의 대결로 치달을 수가 있었다. 따라서 미국은 최악의 경우에, 소련군과의 전투의 경우에 대비하여 자신의 정예군을 아껴야 했을 것이다.

한국전에 미국은 이급부대를 출전시켰다. 그러나 전군을 이급부대로 할 수는 없어서 정예군인 해병 일개 사단을 포함시켰다.

미군이 참전하자 한국인은 자신을 구원하러 온 대국의 군대로 여겨 열렬히 환영했다. 그러나 한국인들은 곧 한숨을 쉬었다. 원래 군대의 작전에는 민폐가 일어날 수밖에 없어 자국(自國)의 군대에게도 사람들은 눈살을 찌푸리기 마련이다. 그런데 외국의 군대, 그것도 이급부대에게야 오죽했겠는가.

한국인들이 모든 미국의 부대에게 실망한 것은 아니었다. 미국 해병대에게만은 그러지 않았다. 한국인들은 미국 해병대를 보고서야, '우리를 살려주려고 온 대국의 진짜 군대'라고 겨우 안도할 수가 있었다. 한국전에서 미국 해병대의 활약이 눈부셨음은 쉽게 짐작할 수가 있다.

그들은 가히 '귀신 잡는 해병'이었다. 그들은 '작전'에 있어서만 돋보인 것이 아니라 '자질면'에 있어서도 그러했다. 당시 교육수준에 있어서, 군인들의 자질 면에 있어서 북한군, 중공군, 한국군, 미군 모두가 저급이라고 할 수 있었다. 그렇기 때문에 미 해병대가 더욱 돋보여 '귀신 잡는 해병'으로 한국인에게 깊게 인상지어지게 되었을 것이다.

미 해병대가 38선을 돌파하고 북진하자 한국인들은 생각했다.

'이제 북한군이고 중공군이고 상대가 안 된다. 남북통일은 되었다.'

북한이 고향인 사람들은 서둘러 고향으로 돌아갔다. 그러나 미군은 중공군에게 대패했다. 한국인들은 후퇴하는 미군을 따라 눈보라를 헤치며 피난길에 올랐다. 이급부대인 미군이 후퇴 길에서 어떻게 행동했는가는 대략 짐작할 수가 있다. 사람들은 한숨을 쉬었다.

'그래, 너희가 패할 줄 알았다.'

사람들에게 미 해병대가 떠올랐다. 미 해병대 역시 중공군의 인해전술(人海戰術)로 인해 패하여 철수 길에 있는 것은 알고 있었다. 피난길의 사람들은 뒤를 돌아보며 미 해병대가 나타나기를 고대했다. 이왕 미군을 따라 피난가야 한다면 미 해병대를 따라 가고 싶었다. 그러나 그들은 나타나지 않았다.

미 해병대는 개마고원에서 중공군에게 패하여 포위되었었다. 그들은 포위를 뚫고 함흥으로 철수하여 배를 타고 본국으로 돌아가 버렸다. 미 해병대가 개마고원에서 함흥으로 철수할 때 보인 행동은 전사(戰事)의 귀감(龜鑑)이었다고 전사(戰史)에 기록되어있다. 기실 그런 상황에서 웬만한 부대 같았다면 전멸하고 말았으리라.

피난길의 한국인들이 그 사실을 알리 없었다. 그들은 몰아치는 북풍 속의 피난길에서 뒤를 돌아보고 돌아보며 미 해병대가 나타나기만을 고대했다. 그러나 그들은 ‘돌아오지 않는 해병’ 이었다. 이렇게 해서 ‘귀신 잡는 해병’, ‘돌아오지 않는 해병’은 한국인의 ‘집단 무의식’에 깊게 새겨지게 되었다. 그래서 60년대 영화〈돌아오지 않는 해병〉이 한국인의 그 ‘집단 무의식’을 때리게 되어 크게 히트하게 된 것이리라.

《손자병법(孫子兵法)》을 저술(著述)한 손자(孫子)는 실천가로서는 영편없는 인물이었다

《손자병법》은 21세기에도 통용되는 위대한 고대 병법서이다. 동양 문명을 얕보는, 현대 서양의 석학, 장군도 손자병법에만은 감탄하여 칭송한다. 21세기에도 유효한《손자병법》을 저술한 손자(孫子)는 과연 어떤 인물이었는가. 사기(史記)의 그에 대한 기록은 간략하기 그지없다.

그 기록은 다음과 같다.

당시 오나라 왕이 《손자병법》을 읽고 감탄하여 손자를 불러 궁녀들을 군사 삼아서 그의 병법을 시험해볼 것을 청했다. 이에 손자는 궁중에 있는 미녀 백 수십 명을 궁전 앞에 집합시켜 두 부대로 나누어 놓고 왕이 총애하는 여자 두 명을 뽑아 각 부대의 대장으로 임명하여 부대를 지휘하게 했다. 그러나 그것이 제대로 될 리가 없었다. 여자들은 모두 깔깔거릴 뿐이었다. 그러자 손자는 군령에 따라, 왕의 만류에도 불구하고, 각 부대장 두 여자의 목을 친다. 이에 기겁한 여자들은 잡소리 하나 내지 못하고 명령대로 정연하게 움직였다.

사기의 손자의 행적 기록은 그것뿐이다. 그러나 손자는 오나라의 장군이 되어 불세출의 큰 공을 세웠다고 사람들은 말한다. 잠깐 화제를 돌려 축구 이야기를 하나 하기로 하자.

우리나라가 처음 프로 축구를 시작했을 때이다. 프로 축구선수들이 초청돼 묘기를 부린 생방송 프로그램이 있었다. 무대 위에 잠자리채 같은 것을 세워놓고 축구선수들에게 공을 차 넣게 한 것이었다. 그들은 일급 프로 선수들이라 무대 위 가까운 거리의 잠자리채 속으로 간단히 공을 차 넣을 수 있을 것이라고 PD가 생각한 것 같다. 그런데 놀랍게도 십수 명의 일급 프로 축구선수들 모두가 공을 차 잠자리채 속으로 넣는데 성공하지 못했다. 선수들이 찬 공은 모두 잠자리채를 훨씬 빗나가 통겨나갔다. 수많은 사람들이 TV를 통해 지켜보고 있는데, 일급 선수들이 공을 차 지척에 있는 잠자리채 속으로 넣지 못했으니 망신도 큰 망신살이었다.

사자가 토끼쯤은 쉽게 잡을 수 있을 것이라고 사람들은 보통 생각한다. 그러나 사실은 그렇지 않다고 한다. 사자가 토끼를 잡을 때도 최선을, 사력을 다한다고 한다. 그렇지 않으면 토끼를 잡을 수가 없다고 한다. 실은 그와 같이 프로 축구선수들도 공을 차는 것이다. 그들은 패스 하나를 할 때도 혼신의 힘을 기울여 찬다. 그렇기 때문에 프로인 것이다. 그들은 잠자리채가 비록 지척에 있지만 그 속으로 공을 차 넣기 위해서는 혼신의 힘을 기울여 차야만 했다.

운동장에서 축구선수가 공에 맞아 죽는 법은 없다. 그러나 보통 사람의 경우에는 사정이 달라진다. 선수가 혼신의 힘을 기울여 찬 공을 맞은 사람이 죽는 경우가 발생할 수가 있다. 당시 객석에는 여자와 어린 아이도 앉아 있었다. 만일 좁은 무대 위에서 프로선수들이 잠자리채 속으로 공을 차 넣기 위해 혼신의 힘을 기울여 찬다면, 무대 위에서 반동된 공이 객석으로 떨어져 다치는 사람이 발생하는 불상사가 일어날 수도 있는 상황이었다. 고수의 무인일수록 겁이 많다고 한다. 그들은 자신의 무예의 파괴력을 잘 알기 때문에 그러한 것이다. 프로 축구선수들도 실은 그러했던 것이다.

선수들이 모두 잠자리채 속으로 공을 차 넣는 것을 실패하자 그들을 인솔하고 온 늙은 코치가 사회자에게, '저 잠자리채가 찢어져도 좋으냐'고 물었다. 사회자가 '좋다'고 하니까 그 코치가 공을 차 그대로 잠자리채 속으로 골인시켰다. 당시 프로 선수들은 잠자리채가 찢어질까봐 또 이런 저런 이유로 공을 제대로 차지 못했던 것이다. 어쨌든 많은 사람들이 그 프로그램을 시청하고 있었으니 공을 차 먹고사는 프로선수들로서는 망신을 당했다. 그러나 선수들은 사람을 다치게 할 수 있는 모험을 거부하고 차라리 자신들이 많은 사람들 앞에서 망신살을 당하는 것을 택했다. 진정한 프로는 그런 것이다. 프로 축구선수들의 묘기 프로그램은 그렇게 끝이 났다.

훌륭한 이론가일수록 어설픈 실천가이며, 훌륭한 실천가일수록 어설픈 이론가인 경우가 다반사이다. 칼 마르크스는 근대의 가장 기적적 업적이라는 '실천적 공산주의 이론'을 창시했다. 그러나 위대한 이론가 일수록 형편없는 실천가인 경우가 다반사이다. 사실, 레닌 같은 걸출한 실천가가 없었다면 칼 마르크스 이론은 실천적 이론이 아니라 단순한 이론적 사상으로 남게 되었을 것이다. 그래서 실천적 공산주의 이론은 '칼 마르크스주의'가 아니라 '칼 마르크스 레닌주의'라고 불리는 것이다.

어쩌면, 손자는 칼 마르크스처럼 단지 위대한 이론가에 불과한 사람 이었는지도 모른다. 그런데 손자병법에 감탄한 후세 사람들이 그의 실천 적 활약이 역사적 기록에 전무(全無)한데 불구하고 멋대로 장군으로서 위대한 공훈을 세웠다고 말하면서 칭송하고 있는 것이다.

만일 오나라 왕이 참으로 실천가인 장군에게 궁녀를 지휘하여 보라 고 청했다면 어떻게 되었을까. 그 장군이 지휘해도 아마 궁녀들은 깔깔 거리기만 하였을 것이다. 그도 궁녀들을 지휘하는 위치의 두 여자의 목 을 베면 궁녀들을 효과적으로 지휘할 수 있다는 것은 알았다. 그러나 두 여자의 목을 베어 궁녀들을 정연하게 움직이게 한다고 해도 그것은 실전 에는 아무 소용이 없는 무희(舞戲)일 따름이다. 진정한 실천가 장군이라 면 그러한 무용(無用)한 일을 하기 위해 연약한 여자의 목을 베는 것 같 은 일은 하지 않았을 것이다. 그 장군은 깔깔거리는 궁녀들 앞에서 쩔쩔 매다가 물러났을 것이다. 위대한 실천가 장군의 명예는 여지없이 실추되 고 말았다. 그러나 그 장군은 두 여자의 목을 베는 것보다 차라리 자신의 명예를 실추시키는 것을 선택했을 것이다. 진정한 실천가 장군, 프로는 그런 것이다.

궁녀들을 군령대로 정연하게 움직이게 한 손자는 많은 사람들의 감 탄을 받았을 것이며 아마 오나라의 장군으로 임명되었을 것이다. 그러나 위대한 이론가일수록 형편없는 실천가인 경우가 다반사이다. 부하들의 목을 베는 것만으로, 군령(軍令)을 고집하는 것만으로 부대를 효과적으로 지휘할 수는 없다. 장군으로 임명된 손자는 부하들을 제대로 장악하지 못하여 실전에 참여하기도 전에 해임 당하고 말았는지도 모른다.

물론, 이 견해는 순전히 필자의 사견으로 틀릴 수가 있다. 그러나 손자가 실전에 참여하여 큰 공을 세운데 대한 직접적인 역사기록은 전혀 없다. 그런데도 손자가 장군이 되어 실전에 참여하여 혁혁한 공을 세웠다고 고집한다면, 그것도 무리이지 않겠는가.

CEO는 연대의 경영 기법보다 고대의 마속과 조괄의 패배에서 더한 교훈을 찾아야 한다

동양의 고대 병법서인《손자병법》은 오늘날에도 병법서로, 경영서로 높이 평가받고 있다. 그러니 고대의 장군이 그 병법서를 통달하기만 하면 명장이 되는 것은 확실했을 것 같다. 과연 그러했을까. 고대의 장군이며 손자병법에 통달한 마속과 조괄에 대해서 살펴보도록 하자.

마속은 제갈량의 부하 장수였다. 제갈량이 마속에게 정예군을 주어 선두로 진격하게 한 적이 있었다. 진격하는 마속군을 위나라 군이 가로막자 그는 손자병법대로 산 위에 진을 친다. 경험 있는 부하장수가 적군이 물길을 끊으면 위험하다고 충고했으나 마속은 손자병법의 요체를 들며 받아들이지 않는다. 과연 위나라 군은 물길을 끊고 마속군은 궤멸되고 만다. 이에 제갈량은 울면서 마속의 목을 베었다. 여기에서 요즘에도 많이 쓰이는 '읍참마속(泣斬馬謖)'이라는 말이 생긴 것이다.

2500여 년 전 전국시대 때 조나라에 조사라는 명장이 있었다. 그의 아들 조괄도 《손자병법》 등 병법서에 통달한 사람이었다. 조사가 죽은 뒤 적군이 조나라로 쳐들어오자 왕이 조괄을 대장으로 임명하였는데 놀랍게도 조괄은 대패하고 말았다.

손자병법에 통달한 마속과 조괄이 어째서 패한 것인가. 고대 장군도 병법서에 의해 명장이 되는 것은 아니었던 것 같다. 군사와 역사 연구가들은, '마속과 조괄이 패한 것은 손자병법 탓이 아니라 실전 경험이 적고 임기응변이 부족하였기 때문이다'라고 설명한다. 그런데 그런 평은 공자왈 맹자왈처럼 진부한 것으로만 보인다.

조괄의 패배 원인으로는 그의 늙은 어머니가 정확히 지적한 것 같다. 그녀는 다음과 같이 말했다. "남편 조사는 장군이 되었을 때 날마다 수백 명의 친구들이 찾아오고 제가 음식을 만들면 같이 먹는 사람이 항상 수십 명이었습니다. 그런데 아들 조괄이 장군이 되었을 때는 집으로 찾아오는 군리(軍吏) 한 명조차도 없습니다." 그러면서 자기 아들이 반드시 패할 것이니('손자병법'은 아무 소용이 없는 것이니) 전투에 내보내지 말 것을 조왕에게 간청했다.

미국은 경영학 분야에서 최고로 발달한 나라이다. 미국 최고 수준의 경영 기법을 소개하는 무수한 책들이 번역되어 우리나라에서도 출판되었다. 그래서 우리는 그 기법을 배우러 미국으로 건너가지 않아도 책으로 공부하여 익힐 수가 있게 되었다. 그러나 아무래도 책으로 배우는 것보다는 미국으로 건너가 하버드대학에서 교수에게 직접 경영학 과정을 이수하는 것이 더 효과적일 것이다.

많은 동양의 수재들이 미국으로 건너가 하버드 등 명문 대학에서 경영 기법을 배우고 돌아왔다. 그런데 그들은 실망하여 한결같이, "그 기법은 모두 미국 이야기이다. 사정이 다른 동양에서는 아무 소용없는 것이다"라고 말했다. 그들의 그 견해는 옳은 것인가. 그들은 미국에까지 가서 살았음에도 불구하고 잘 알지 못하고 있었다. 그 경영 기법은 동양에서뿐만이 아니라 미국에서도 마찬가지로 별로 소용 있는 것이 아니라는 사실을 알아차리지 못했다. 미국의 경영자들도 동양인과 마찬가지로 중대한 결정을 내릴 때 자신의 나라에서 개발된 경영 기법보다는 꿈과 직감 등 본능적 방법에 더 의존하고 있다.

한국과 미국의 수재들이 하버드대학 등 명문 대학에서 경영학 과정을 이수하고 대경영인이 되었다. 그러나 그들은 대학에서 배운 기법들이 실제 경영에서 큰 도움이 되었느냐는 질문을 받으면 별로 소용이 없었다고 대답할 것이다. 한국인으로 경기고, 서울대학교, 하버드대학원에서 공부하고 훌륭한 정치인이 된 사람들이 많이 있다. 그들은 학교에서 배운 정치 기법들이 큰 도움이 되었느냐는 질문을 받으면 별로 소용이 없었다고 역시 대답할 것이다. 물론 기법은 소용없지만 학력과 그 인맥은 그들로 하여금 대성하게 했다. 학력과 그 인맥은 정치인으로 성공하는 데에 큰 기여를 했다. 이것은 정치 후진국의 이야기인가.

학력, 인맥은 정치 후진국에서만 필요한 것이고 선진국에서는 그러하지 않은 것인가. 클린턴 등 미국 역대 대통령들의 정치인으로서의 성공 원인을 분석한 연구서들이 나와 있다. 그것들을 보면 그들도 한국인들과 마찬가지로 학교에서 배운 기법은 별로 소용이 없고 학력, 인맥만이 큰 도움이 되었음을 발견하게 된다. 한국과 미국 정치계에서는 '정치 선진국, 후진국'이 아니라 '도토리 키 재기'라는 말이 더 잘 어울릴 것 같다.

옛날 중국의 장군들은 병법서만으로 명장이 되지 못했고 오늘날 경영자들은 경영기법만으로 사업을 성공적으로 운영하지 못한다. 그 이유는 그 누구보다도 조괄의 어머니가 더 잘 알고 있었다. CEO들은 손자병법이나 경영기법보다 조괄의 어머니의 말에 주의를 더 기울여야 할 것이다.

3부
인간의 비밀

1장

영혼, 사후(死後)의 세계를 과학적으로 증명한다

서문표와 조조

서문표는 2500여 년 전 전국시대 위나라 문후 때의 명신으로 두고 두고 추앙을 받은 인물이다. 그가 업 땅의 현령으로 부임한 적이 있었다. 이때에 이곳에 하신(河神)에게 처녀를 바쳐 제사지내는 풍습이 있었다. 해마다 무녀(巫女)가 예쁜 처녀를 골라 하신에게 바친다고 강물에 던졌다. 만일 그렇게 하지 않으면 하신이 노해 큰 물난리가 일어난다고 사람들은 믿었다. 그 미신을 이용하여 결탁한 관리, 촌장과 무녀가 하신과 처녀의 결혼식을 빙자해 백성들의 고혈을 짜내 치부했다. 그래서 백성들의 고달픔은 말이 아니었다.

서문표가 부임한 해에도 처녀를 하신에게 바치는 제사를 지내는 날이 돌아왔다. 그 날 강가에는 예전과 다름없이 수천 명의 백성들이 모인 가운데 관리, 촌장과 무녀가 희색이 만면하여 행사를 이끌었다. 서문표도 참석하여 행사를 지켜보았다. 일흔이 넘은 할멈 무녀가 호화롭게 차려입고 열 명의 제자들의 호위를 받으며 굿을 하고 있었다.

굿이 끝나고 처녀를 강물 속으로 던지는 차례가 왔을 때였다. 문득 서문표가 말했다.

"잠깐 하신에게 시집갈 처녀를 이리 데려오시오. 내가 마을의 최고 어른이니 괜찮은지 한번 보아야 하지 않겠소?"

그러자 십여 일 전부터 목욕재계하고 어여쁘게 치장한 처녀가 서문표의 앞으로 불려왔다. 처녀를 유심히 보던 서문표가 무녀에게 말했다.

"이 처녀의 얼굴에 점이 있소. 그렇게 하고서야 어찌 하신에게 갈 수 있겠소? 우리가 이 점을 지울 테니 그대가 하신에게 얼른 가서 잠깐만 기다리라고 하시오."

서문표의 그런 말에 무당이 어쩔 줄 몰라 하자 그가 부하들에게 추상같이 호령했다.

"무엇하느냐! 빨리 이 무녀를 강물 속의 하신에게 보내지 않고."

이에 부하들이 발버둥치는 무녀를 번쩍 안아 들어 강물 속으로 던져 버렸다. 그리고 서문표는 잠깐 무녀가 돌아오기를 기다리는 체했다. 한참이 지나도 강물 속으로 들어간 무녀는 돌아오지 않았다. 수천 명이 지켜보고 있어 행사는 진행되어야만 했다.

"왜 이렇게 빨리 돌아오지 않지? 여봐라! 거기 무녀의 제자들이 가서 사정을 좀 알아보고 오도록 하라."

서문표가 그렇게 호령했다. 다시 그의 부하들이 발버둥치는 무녀의 십여 명의 제자들을 모조리 강물 속으로 던져버렸다. 서문표는 시치미를 뚝 떼고 다시 한참 그녀와 그녀의 제자들이 돌아오기를 기다리는 체했다. 그러나 햇볕만 내리쬘 뿐 무녀도 제자들도 돌아오지 않았다. 서문표가 짐짓 고개를 갸웃거리며 말했다.

"행사를 빨리 진행시켜야 하는데, 왜 이렇게 모두 안 돌아오지? 안 되겠다. 거기 촌장들도 모두 가서 사정을 알아보고 오도록 하라!"

그러자 죽을상이 되어 있는 촌장들과 담당 관리들이 일제히 서문표 무릎 아래 꿇어 엎드려 애걸했다.

"저희가 죽을죄를 지었습니다. 한번만 용서해 주시기 바랍니다. 저희의 재산을 모두 바칠 테니 부디 목숨만 살려주시기 바랍니다."

그때서야 서문표는 그들을 추상같이 꾸짖었다. 서문표는 그들의 재산을 몰수하여 백성들에게 나누어주었다. 이후로 하신에게 처녀를 바치는 악습은 마을에서 사라지게 되었다. 서문표는 선정(善政)을 하였으며 백년 뒤를 내다보는 사업을 벌였다. 대대로 이어갈 물길을 만들어 강물을 끌어들여 버려진 땅을 옥토로 만들었다.

이 지방 사람들은 서문표에게 감사하여 그가 죽은 뒤에 사당을 짓고 제사를 지내주었다.

조조가 젊은 시절에 황건적을 격파하고 제남 땅의 장관으로 부임했을 때였다. 국가의 공신(功臣)들의 사당에 관(官)에서 제사를 지냈는데 그것이 관리들이 백성들의 곡식을 빼앗아 사치생활을 하는 수단으로 변질되어 있었다. 제사는 백성들에게 생활을 궁핍하게 할 뿐만이 아니라 또한 미신을 성행하게 하는 요인으로 되어 있었다. 역대 관리들 중에 그것을 한탄하는 사람들이 없었던 것은 아니나 수백년 간 지속된 관례를 폐지할 수는 없는 노릇이었다. 조조는 부임하자 과감하게 제사를 폐지시켰다. 그 뿐만이 아니었다. 공신들의 사당을 모조리 때려 부숴 백성들이 귀신을 섬기는 풍습을 제거시켰다.

이런 기록을 보면 조조는 귀신, 영혼을 믿지 않는 과학적 사고의 인물이었던 것으로 생각된다. 그러나 그가 남긴 시문들을 보면 그도 신선을 동경하고 영혼의 세계를 믿은 것을 발견하게 된다. 조조의 일생, 유언 등을 살펴보면 그 역시 영혼, 사후(死後)의 세계를 부정한 것은 아니라는 것을 알게 된다. 물론 그는 천재로 세간의 미신의 허망함을 누구보다도 더 잘 알았다. 그러나 그도 사당을 때려부수고 일말의 두려움을 품지 않았을까.

조조는 죽을 때 자신의 시신을 서문표의 사당 곁에 묻으라고 유언했다. 조조는 존경하는 서문표에게 의지해 마음속의 귀신과 싸웠던 것 같다. 조조라는 인간도 결국 미신적인, 어리석은 인물이었지 않은가.

영혼, 사후(死後)의 세계는 분명이 있다

현대적 관점에서 영혼, 사후의 세계에 대해서 살펴보도록 하자. 사후 세계를 연구한 무수한 논서들이 있다. 그러나 그들 스스로는 과학적이라고 주장하지만 불합리한, 비과학적인 내용들이 태반이다.

인간은 죽을 때도 뇌 세포만은 건재하다고 한다. 단지 몸 세포가 죽어 뇌 세포도 결국에는 어쩔 수 없이 죽게 된다고 한다. 따라서 죽을 때 마지막 순간까지 온전한 뇌 조직이 생에 집착하는 것은 어쩔 수가 없는 일이다. 죽어 가는 몸 세포 조직을 보며 자신의 죽음을 피할 수 없는 것을 알았을 때 사후세계에 집착하게 되고 마는 것이다. 그리하여 인류에게 영혼, 사후의 세계의 문화가 발달하게 된 것이라고 한다.

그럼 '영혼, 사후의 세계는 없다'는 것은 과학적으로 증명되었는가. 뉴턴적 과학으로는 증명되었다. 그러나 영혼의 세계가 없다고 단정하는 것은 아직 성급한 일이다. 사실, 뉴턴적 과학으로 도저히 설명할 수가 없는 현상은 동서고금에 무수히 발생했다. 멀리 볼 것이 아니라 바로 우리 주변만 살펴보아도, 만 리 떨어진 친척의 죽음을 꿈에 의해 미리 안다든지, 신비로운 체험을 갖고 있는 사람들을 많이 발견할 수가 있다.

뉴턴적 과학에 의하면 세상은 3차원이다. 아인슈타인에 의해서 세상은 4차원이라는 것이 밝혀졌다. 4차원 세상을 이해하는 것은 일반인에게는 어려운 일이다. 그런데 21세기 물리학은 세상은 4차원이 아니라 무려 27차원으로 이루어진 사실을 밝혀주었다. 세상에 신비로운 현상이 발생하는 것은 당연한 일인 것 같다.

뉴턴적 과학 사상이 세상을 지배하던 시절에 과학자들은 신비로운 체험, 현상을 과학적으로 설명할 수가 없어서 골머리를 앓았다. 20세기에 들어서 상대성이론과 양자역학이론이 뉴턴적 과학을 대신하게 되어 그런 체험, 현상도 어느 정도 과학적으로 설명할 수가 있게 되었다.

바라보는 것만으로 숟가락을 구부리는 등 초능력을 발휘하는 사람들이 심심찮게 등장한다. 한 과학자 팀이 그 초능력자들을 과학적으로 실험한 적이 있다고 한다. 초능력자들에게 밀폐된 방에서 숟가락을 구부리는 초능력을 발휘하게 하고 숨어서 지켜보았는데 그들은 숟가락을 초능력으로가 아니라 발로 밟아 구부리더라고 한다. 그것을 보고 그 과학자 팀은 초능력은 허구라고 발표했다. 그 내용으로《신 과학은 없다》는 제목의 책이 우리나라에서 출판되어 국가로부터 우수도서상까지 받은 적이 있다.

뉴턴, 아인슈타인을 잇는 대과학자 호킹은, "내가 어렸을 때 한 초능력자의 시연을 본 적이 있었다. 그 때 나는 그 자의 초능력이 사기임을 간파했다. 그래서 초능력이라는 것은 모두 허구임을 깨닫고 과학자의 길로 들어섰다"고 말했다.

과연 그러할까. 초능력 현상이라는 것은 정말로 없는 것일까. 초능력자 유리겔라가 한국을 방문하여 초능력을 발휘한 적이 있다. 수많은 사람들이 텔레비전을 통하여 지켜보았고 그 중 많은 사람들이 그와 마찬가지로 초능력현상을 일으켰다. 호킹이 어려서 유리겔라를 만나지 않은 것은 그 자신뿐만이 아니라 또한 인류를 위해서 다행이었다.

일단의 초능력자들이 밀폐된 방에서 숟가락을 발로 밟아 구부렸다. 그러나 그들은 확실히 초능력을 발휘한 적이 있는 사람들이었다. 어떤 초능력자도 100% 완전하게 초능력을 발휘하지는 못한다. 때로는 그들도 실패를 한다. 그러나 우연히 초능력이 발휘될 확률이 백만 분의 일인데 십만 분의 일의 확률로 초능력이 발휘되었을 때 그것을 보고 그 초능력은 비과학적인 것이라고 한다면 그것이야말로 비과학적인 것이다. 십만 분의 일의 초능력 현상을 보고 과학적이라고 하는 것이 과학적인 것이다.

초능력 현상도 현대에는 상대성이론과 양자역학이론 덕택으로 어느 정도 과학적으로 이해, 설명할 수가 있게 되었다. 그러나 오해 없기 바란다. 아인슈타인이 초능력 현상을 이해했다고 말하는 것은 아니다. 상대성이론과 양자역학이론에 정통한 호킹이 어떠했는지는 앞에서 이미 밝혔다.

일반인이 아인슈타인보다 상대성이론의 의미를 더 잘 안다

상대성이론 덕택으로 초능력 현상도 과학적으로 설명할 수가 있게 되었다고 앞 장에서 설명했다. 그런데 아인슈타인이 그 이론의 진정한 의미를 알았던 것 같지가 않다. 상대성이론의 철학적 의미, 심오한 것을 그는 몰랐다. 그 이상으로, 아인슈타인은 그 이론의 수학 물리적 의미도 제대로 몰랐던 것 같다.

상대성이론이 아인슈타인에 의해 처음 발표되었을 때 사람들은 그것을 전혀 이해할 수가 없었다. 그들은, "상대성이론을 이해하는 사람은 세상에 아인슈타인 한 사람 밖에 없다"고 탄식했다. 시간이 흘렀으나 사정은 별로 호전되지 않았다. 사람들은, "상대성이론을 이해하는 사람은 세상에 네 사람 밖에 없다. 그 네 사람 중에 아인슈타인은 포함되지 않는다"라고 말했다.

상대성이론에 의하면 우주는 팽창하고 있다. 그 사실은, 우주는 정체된 것이라고 철석같이 믿는 아인슈타인을 괴롭혔다. 그는 마침내 자신의 상대성이론 방정식에 상수를 넣어놓고는, '상대성이론에 의해도 우주는 정체되어 있다'고 주장했다. 그러나 그런 억지가 과학의 세계에서 통할 수는 없다. 결국 그 상수는 엉터리라는 것이 밝혀졌다. 아인슈타인은 자신이 자기 이론에 상수를 넣은 것은 일생일대의 과오였다고 시인했다.

상대성이론에 의해 양자역학이론이 도출된다. 우주는 '우연과 확률의 법칙'으로 하여 구성되어 있는 사실이 양자역학이론에 의해 밝혀졌다. 이 세상은 불교에서 말하는 것처럼 허상(虛像)에 불과한 것이다. 세상은 실재(實在)하며 완전한 질서에 있다고 철석같이 믿는 아인슈타인으로서는 양자역학이론을 인정할 수가 없었다. 그는 '신은 주사위놀음을 하지 않는다'고 말하면서 그 이론은 틀린 것이라고 주장했다. 그러나 양자역학이론의 옳음이 증명되었다. 그런데 이번에는 아인슈타인은 자신의 과오를 시인하지 않았다. 그는 죽을 때까지 자신의 과오를 시인하지 않았다. 물리학계에서는 아인슈타인을 구제불능의 옹고집 노인으로 포기했다.

상대성이론을 발견한 아인슈타인과 양자역학이론에 정통한 호킹이 그 이론들의 심오한 차원을 이해하지 못하는 데, 오히려 수학 과학을 전혀 모르는 어떤 사람들은 이해한다. 사실 수학, 과학 이론을 몰라도 얼마든지 최첨단 과학적 사상에 근접할 수가 있다.

미국의 한 석학이 복권 당첨, 꿈의 현실화, 점술 등 신비로운 현상에 대해서 연구하여 발표한 적이 있다. 그는 그 모든 것을 뉴턴적 과학, 즉 '우연과 확률의 법칙'으로 설명할 수가 있다고 주장했다. 과연 그럴까. 그는 자신의 연구를 발표하기 전에 자신 주변을 먼저 돌아보아야 했다. 이역만리에 있는 친지의 죽음을 직감이나 꿈에 의해 미리 알아낸 가족 친지는 없는지 살펴보아야 했다. 아마 있을 것이다. 물론 그것도 '우연과 확률의 법칙'으로 설명할 수는 있다. 그러나 그런 일이 자신의 가족에게 일어났다면 자신 외 지구상 모든 가족들에게는 일어나지 말아야 한다. 그런데 사실은 온 세계 가족이 다 그런 경험을 한두 번쯤은 갖고 있는 것이다.

미국의 경영학계에서 컴퓨터를 이용하는 경영기법을 개발했다. 그 기법을 사용하면 억만 명의 사람들이 장기간에 걸쳐서 분석해야 하는 데이터를 단번에 처리할 수가 있다. 이 기법을 개발한 나라 미국의 증권업계 등 사업의 재벌들은 최첨단 컴퓨터 과학이론 기법을 사용해 데이터를 분석하여 대성하게 된 것이었을까. 언젠가 이에 대해서 연구한 것이 발표된 적이 있다. 증권업계 등에서 대성한 사람들이 최종 결정에서 의지한 것은 놀랍게도 과학적으로 분석한 데이터가 아니라 꿈과 직감이었다.

정치인, 행정인도 종종 꿈과 직감에 의존하여 중대한 결단을 한다고 한다. 군인들도 마찬가지인 것 같다. 이순신의 '난중일기'를 보면 그가 전투를 치르면서 꿈과 점에 얼마나 크게 의존하였는지를 확연히 알 수가 있다. 정치가, 행정인, 사업가, 군인 등 많은 사람들이 고비마다 꿈과 직감에 의존하여 난국을 풀어나갔다.

이제 남 이야기가 아니라 우리 자신과 주변을 살펴보도록 하자. 중요한 결정을 내림에 있어서 골머리를 앓으며 데이터를 분석하여 하는 경우와 꿈과 직감에도 어느 정도 의존하여 하는 경우에 어느 쪽이 더 성공적이었는가. 혹시 꿈과 직감에 의존한 경우가 더 많고 성공적이었지 않은가.

꿈과 직감의 경우가 더 많고 성공적이었다고 해도 그것이 비과학적은 아니다. 그것을 과학적으로 설명할 수가 있다. 아인슈타인과 호킹은 설명할 수가 없지만 말이다.

2장

누구나 차력술을 부리고
헤비급 복서를 때려눕힐 수가 있다

일반인도 무예의 달인과 싸워 이길 수가 있다

인간은 모두 똑같은 능력을 갖고 있다고 한다. 천재가 있기는 하지만 생리적 뇌 조직상 천재와 범재의 차이는 없다고 한다. 범재는 자기 뇌 세포의 1~3%만 사용하는 데 반하여 천재는 그보다 조금 더 많이, 10%쯤 사용하고 있는 것이라고 한다.

거인과 난쟁이 간의 체력상 차이는 분명히 있다. 그러나 평균적인 체격의 사람과 거인 간의 생리적 체력상 차이는 미미한 것이라고 한다. 무예의 달인도 있다. 그러나 그는 천재의 경우처럼 생리 능력을 일반인보다 조금 더 사용하고 있는 것이다.

바윗덩어리를 들어올리는 괴력의 차력술에 대해서 살펴보기로 하

자. 차력(借力)이라는 말은 '자신의 힘'이 아니라 '빌린 힘'을 사용한다는 말이다. 사실 누구나, 여자조차, 차력술을 발휘할 수가 있다. 영국의 한 여인이 자기 아들이 차에 깔리자 차를 번쩍 들어올려 구했다는 해외 토픽 뉴스가 있었다. 그 여자는 자기 아들이 위기에 처하자 자신도 모르게 차력술을 사용한 것이다.

마음대로 발휘할 수가 있느냐 없느냐의 관점에서 차력술사와 일반인 간에 차이는 있다. 그러나 차력술사들을 자세히 살펴보면 그들도 역시 자기 마음대로 항상 차력술을 발휘할 수가 있는 것은 아님을 발견하게 된다. 차력술사들이 일반인보다 조금 더 빈번하게 발휘한다는 차이점이 있을 따름이다. 일반인과 차력술사 간의 차이라는 것은 어떻게 보면 백지 한 장이다.

복싱 세계 헤비급 챔피언들은 1.9미터의 거인들이다. 1.7미터의 일반인들은 도저히 그들의 상대가 될 수가 없을 것으로 보인다. 사실, 사각의 링에서 글러브를 끼고 룰에 따라 시합을 한다면 일반인이 거구의 챔피언을 이길 확률은 제로이다. 그러나 만일 산야에서 모든 수단을 다하여 대결한다면 사정은 달라진다. 생리적 체력상 거인과 일반인 간의 차이는 미미한 것이므로 일반인이 적은 확률이지만 헤비급 복서를 때려눕힐 수도 있는 것이다.

무예의 달인일수록 겁이 많다고 한다. 그 이유 중 하나는 무예의 최고 경지에 이르면 바로 앞에서의 견해와 같은 것을 절감하게 된다는 것이다. 생리적 체력과 뇌력상 자신과 일반인의 차이는 거의 없다는 것을 절감하게 되는 것이다. 물론 자신은 일반인과 백 번 싸워 백 번 이긴다. 그러나 그것은 일반인이 생각하는 것처럼 당연한 결과는 아닌 것이다.

언젠가 텔레비전 오락 프로에서 씨름 천하장사 출신과 허약한 연예인 간의 힘 자랑 게임을 벌인 적이 있었다. 두 사람이 각기 허리에 하나의 줄의 양편 끝을 묶고 서로 반대편으로 뛰어 가는 것이었다. 줄이 탄력이 있는 것이라 힘센 사람이 꼭 이기라는 법은 없으나 천하장사와 연예인의 대결 결과는 뻔했다. 그런데 게임을 준비하는 두 사람의 태도가 흥미로웠다. 연예인은 미소를 지으며 준비를 하는데 반하여 천하장사 출신의 사람은 신발을 벗어 던지고 손에 침을 바르는 등 만반의 준비를 하는 것이었다.

천하장사는 무예의 달인이다. 그는 보통 사람과 거인, 무예의 달인과 일반인 간의 차이라는 것은 백지 한 장이라는 것을 잘 알고 있는 사람이다. 적은 확률이지만 천하장사 출신이 연예인에게 질 수도 있는 것이다. 만일 수많은 사람이 지켜보는 생방송 게임에서 천하장사 출신이 연예인과의 줄다리기 힘겨룸에서 패한다면 어떻게 될 것인가. 게임이 벌어지고 천하장사 출신이 상대도 안 되게 연예인을 이겼다. 그러나 당시 그 천하장사 출신의 진지한 심정을 이해한 사람은 무예의 달인들 외에는 없었을 것이다.

세상에서 가장 강한 격투기는 무엇일까. 주먹만 사용하는 권투는 될 수가 없을 것이다. 가장 강한 격투기로는 통상 태권도, 가라테가 손꼽힌다. 그러나 언젠가 태국의 킥복싱과 일본 가라테 고수들 간에 대결이 벌어졌는데 킥복싱 고수들이 전승을 거두었다. 그러니 킥복싱이 가라테보다 더 강한 것 같다.

제일교포 가라테맨 최영의는 손가락으로 동전을 구부리고 쇠뿔을 수도로 잘라내고 곰과 대결하여 이겼다. 그는 온 세계를 돌면서 헤비급 복서, 레슬러 등 각 나라의 격투기 최강자들과 맞짱을 뛰어 전승했다. 태국의 킥복싱 챔피언도 그에게는 무릎을 꿇었다. 가라테가 킥복싱보다 더 강하다고 아직 단정할 수는 없지만, 최영의는 20세기에 세계 최강자였다고 할 수가 있을 것이다.

20세기에 세계에서 최고로 강한 사람은 최영의였다. 그는 세상에 무서운 사람이 없었을까. 사실은 그 정반대였다. 그는 무예의 달인으로 달인과 보통인 간의 차이라는 것은 백지 한 장에 불과하다는 사실을 누구보다도 잘 알았다. 최영의가 자신은 겁쟁이 중 겁쟁이라고 고백한 적이 있다. 그는 밤마다 상대에게 맞아죽는 악몽에 시달리고 모임에 참석하면 무슨 일이 생길 때 도망가기 쉽게 문 곁에 자리를 잡았으며 겁이 나서 차 운전을 제대로 하지 못했다고 한다.

차력술은 누구나 부릴 수가 있다

차력술은 그렇게 신비로운 것이 아니라는 것에 대해서 살펴보았다. 그럼, 우리 모두 그것을 쉽게 배울 수 있는 방법은 없는 것일까. 다음은 《정사소설 삼국지》에 나오는 내용인데 차력술의 실체에 대해서 잘 설명하고 있다고 생각한다.

(일단의 장수들이 산중의 도사 자허상인을 찾아간다. 그 장수 중 한 사람인) 장임이 나서 (도사에게) 말했다.

"저희가 들으니 대사께서는 괴력을 발휘할 수 있는 술법(차력술)을 알고 계신다고 하는데 그것을 저희에게 좀 알려주셨으면 합니다. 그럼 그것은 나라를 위하는 일도 될 것으로 사료됩니다."

자허상인이 고개만 끄덕이고 말을 않자 장임이 물었다.

"그 술법은 특별한 사람만 배워 부릴 수 있는 것입니까?"

자허상인은 장임을 그윽이 바라보더니 입을 열었다.

"그것은 여자고 어린애고 할 것 없이 모두 다 갖고 있는 힘을 사용하는 것이오. 마음의 안과 밖을 하나로 하기만 하면 누구나 그 힘을 발휘할 수가 있소."

네 장수는 일제히 엎드려 큰절을 하고 말했다.

"부디 저희에게 그 마음의 안과 밖을 하나로 하는 방법에 관해서 알려주시기 바랍니다."

"그 방법도 말로 하자면 간단한 것이오. 한낮에 홀로 공동묘지에 가서 있는 일은 누구나 쉽게 할 수 있소. 그러나 한밤중에는 그렇지 않을 것이오. 그러나 실은 한낮이나 한밤중이나 가서 있는 것은 똑 같은 일이오. 아마 처음에 한밤중에 가서 홀로 있기 시작하면 며칠 후에는 귀신들이 나타나기 시작할 거요. 그러나 그것들은 실재 귀신들이 아니라 그 사람의 마음의 안과 밖이 하나가 되는 과정일 뿐이오. 여러 날이 지나면 귀신들이 사라지게 되는데 실은 마음의 안과 밖이 하나가 된 것일 뿐이오."

그런 자허상인의 가르침에 (찾아간 장수들 중 한 사람인) 유괴가 성급하게 물었다.

"그럼, 그 일만 하면 바로 괴력을 발휘할 수 있게 되나요?"

자허상인은 유괴를 딱하다는 듯이 바라보더니 두 눈을 꽉 감고 자는 듯 앉아 있기만 했다. 네 장수는 하는 수 없이 암자를 떠나 금병산을 내려갔다.

인간은 모두가 거의 동등한 정신적, 육체적 능력을 갖고 있다고 했다. 천재, 무예의 달인은 단지 보통인보다 조금 더 정신과 육체의 힘을 사용하고 있는 것일 따름이다.

그런데 그 차이가 백지 한 장이라고 해도 사실 범인들에게는 하늘과 땅 차이인 것처럼 보인다. 말로하면 무예의 달인이 되는 것이 어렵지 않지만 실상 해보면 그것이 아니다. 사실, 무예의 달인이 최고의 경지에 이르는 과정을 살펴보면 그야말로 인고의 세월, 각고의 노력이 있는 것을 발견하게 된다. 그런데 누가 무예의 달인과 보통인 간의 차이는 단지 백지 한 장일 뿐이라고 말하는가.

그러나 그 과정을 다시 면밀히 살펴보면 필수불가결하지 않은 노력도 많이 있는 섯을 발견하게 된다. 자고로 무예는 도제식 수업에 의해 전수되었다. 수련자가 맨 처음 하는 일은 삼년 간 나무하고 밥 짓고 하는 것이었다. 황금 같은 젊은 시절 삼년 간을 그런 식으로 보내는 것은 너무 허망하다고 생각되지 않는가. 물론 사부는 그것이 불가피하다고 판단되어 그렇게 시켰다. 그는 자신이 가장 사랑하는 제자에게도, 자신의 아들에게도 그런 식으로 하여 가르쳤다.

사실, 사부가 고도의 무예를 설명과 시범만으로 전수시키는 것은 불가능한 일이었다. 그가 시범과 설명만으로 하여 전수시킬 수가 없는 것은 그 무예를 과학적으로 정확히 파악하고 있지 않기 때문이기도 했다. 그 무예의 실체가 과학적으로 명확하게 밝혀지면 사람들은 도제식 수업을 받지 않아도 단기간에 최고 경지에 이를 수가 있게 될 것이다.

현대는 위대한 세기이다. 과학적 지식으로 무예의 달인의 경지를 설명할 수가 있게 되었다. 필수불가결하지 않은 수련과정을 제거시켜 누구나 보다 적은 기간에, 보다 적은 노력으로 무예의 달인이 될 수가 있게 되었다.

프로이트의 정신분석이론이야 말로 인류역사상 최고의 업적이다

현대는 물리학의 세계라고 한다. 제 학문의 왕자였던 철학은 본연의 영역을 전부 물리학에게 넘겨주고 언어나 분석하는 주변 영역으로 전락하게 되고 말았다. 인간 유전자 게놈 지도의 완성이 목전에 있다고 한다. 이젠 인간 생명 존재 문제도 신으로부터 생물학자에게로 넘어갔다.

그러나 사람들이 현대 물리학의 진정한 이해를 수학 물리 방정식만으로 할 수가 있는 것은 아니다. 상대성이론과 양자역학이론의 진정한 의미를 수학 물리 방정식만으로 해서 파악할 수 있는 것은 아니다. 아인슈타인과 호킹이 오히려 그 의미를 제대로 파악하지 못했다는 것은 이미 앞에서 밝혔다. 아인슈타인은 말년에 동양 불교 사상에 심취했다고 한다. 노벨 물리학상까지 탄 저명한 물리학자들이 동양의 고대사상에서 힌트를 얻어 위대한 물리학적 업적을 이루었다고 고백한다.

동양 고대의 현인들은, 아인슈타인과 호킹과는 달리, 벌써 상대성이론과 양자역학이론의 진정한 의미를 파악했다. 그러나 그들에게도 한계가 있었다. 수학 물리 방정식에 의하지 않고 단지 참선, 명상 등만으로 하여 물리학의 진정한 의미를 파악하는 데에는 한계가 있는 것이다. 고대 동양의 현인들이 상대성이론과 양자역학이론의 진정한 의미를 파악했다고 하지만 그것은 모래성을 쌓아 구름에 이른 것과 다름없는 것이었다. 진정으로 최고 경지에 이르기 위해서는 수학 물리 방정식과 명상, 참선을 병행하여야 한다. 이것 모두 저명한 물리학자들에 의해 진작 간파된 내용이다. 오늘날 참선, 명상을 하면서 물리학을 연구하는 석학들이 적지 않게 있다고 한다.

현인들은 동굴 속에서의 장기간 참선과 명상을 통하여 물리학의 최고 경지에 이르기도 했다. 그러나 그런 방법은 너무 어렵고 막연한 것으로 보인다. 일반인이 동굴 속에서의 참선 등을 통해서가 아니라 도서관에서 공부하여 물리학의 진정한 의미, 아인슈타인도 제대로 파악하지 못한 의미를 파악할 수는 없는 것일까.

현대는 진정 위대한 세기이다. 심리학의 발달 덕택으로 우리는 동굴 속에서 장기간의 참선을 하는 대신에 도서관에서 단기간 공부하여 현대 물리학의 진정한 의미를 파악할 수가 있게 되었다.

역사상 가장 위대한 사연과학적 업적은 아인슈타인의 상대성이론과 프로이트의 정신분석이론이라고 한다. 심리학은 자연과학의 한 분야이다. 프로이트의 정신분석이론 덕택으로 우리는 동굴 속에서 참선을 하는 대신에 도서관에서 공부하여 인간성의 비밀을 낱낱이 파악할 수가 있게 되었다.

우리 인간 정신은 99%의 잠재의식과 1%의 현재의식으로 이루어져 있는 사실이 정신분석이론에 의해 밝혀졌다. 우리가 정신이라고 알고 있는 것은 사실은 그 1%를 의미할 뿐으로 실제 정신을 지배하는 것은 우리가 깨닫지 못하는 그 외 99%이다.

프로이트 이론의 옳음은 생리학의 발달로 하여 증명되었다. 인간은 전체 뇌세포 중 단지 1%만 사용하고 있는 사실이 생리학에 의해 밝혀졌다. 우리는 단지 1%만 마음대로 조정하고 있는 것으로 우리의 행동은 사실상 그 외 99%의 뇌세포에 의해서, 우리가 비록 깨닫지는 못하지만, 결정되고 있다.

옛날에는 도사(道士)가 되기 위해서는 명상, 참선 등 특별한 수련을 하여야만 했다. 그러나 심리학, 생리학 등의 실증적, 분석적 방법 덕택으로 누구나 도(道)의 실체를 파악할 수가 있게 되었다. 이완법, 사이코사이버네틱스(psycho-cybernetics), 초월명상(TM), 다이내믹 명상(dynamic meditation), 마인드 컨트롤(mind control) 등은 단전호흡, 요가, 명상, 참선 등을 과학적으로 체계화한 것이다. 이제 현대인은 단기간에, 도제식 수업 없이 도의 상태에 이를 수가 있게 되었다. 도사가 자신의 제자로 하여금 삼년 간 나무하고 밥하게 하지 않고 바로 자신의 비법을 전수시킬 수가 있게 되었다.

'득도(得道)하는 법', 즉 '잠재의식 다루는 법'을 안마디로 요약한다

득도(得道)한 사람은 초능력을 발휘하기도 한다. 불교의 해탈(解脫), 기독교의 영적체험, 득도 모두 다 비슷한 것이다. 그 상태는 과연 어떤 것일까. 그것은 다음과 같은 것이라고 일컬어진다. '도사들은 오랜 세월의 인고의 과정을 통해서 세상사 모든 일에는 다 선한 목적이 있는 것이라 세상은, 사는 것은 좋은 것이라는 것을 신비적 영감(靈感)으로 깨닫는다.' 좋은 말이기는 하지만 그 경지에 도달하는 것은 힘든 일로 보인다. 범인들은 그 말을 이해하는 것조차 어렵다. 그러니 정신분석이론에 의거하여 그 의미를 다시 살펴보기로 하자.

인간 정신은 1%의 현재의식과 99%의 잠재의식으로 구성되어 있다. 고대의 현인이라는 사람들은 그 잠재의식을 마음대로 다룬 사람들에 다름 아니다. 즉, 득도는 잠재의식을 마음대로 다루게 된 것을 의미한다. 이미 널리 알려진 사실이지만, 학계, 사업계, 연예계, 스포츠계, 문학계

등 제 분야에서 성공한 사람들은 자신의 잠재의식의 힘을 사용했다. 그들은 고대의 현인들처럼 득도한 것은 아니지만 의식적, 무의식적(본능적)으로 잠재의식의 실체를 알아 자신만의 독특한 방법으로 그 힘을 사용하여 성공했다. 그러나 우리 범인들에게는 잠재의식의 실체를 알고 이용하는 것은 극히 어려운 일이었다.

고대와 현대의 현인들은 잠재의식의 실체를 알고 이용하였지만 그것을 과학적으로 체계 있게 파악한 것은 아니었다. 현대과학의 발달로 하여 이윽고 현인들이, 우리 범인들조차, 잠재의식 실체를 과학적으로 체계 있게 파악할 수가 있게 되었다. 단지 현인뿐만이 아니라 또한 범인도 잠재의식의 실체를 알고 이용할 수가 있게 되었다. 프로이트의 정신분석이론 덕택으로 오랜 인고의 세월을 겪지 않고 바로 도의 상태를 이해하고 도달할 수가 있게 된 것이다. 물론 정신분석이론, 생리이론 등 인문자연과학을 먼저 이해해야 한다. 그러나 우리는 초등학교 때부터 인문자연과학을 공부했다. 정상적 교육을 받은 사람에게는 인문자연과학, 정신분석이론, 생리이론을 이해하는 것은 그렇게 어려운 일이 아니다.

잠자면서 성공한다

특별한 사람들은 자신만의 특별한 방법으로 잠재의식의 힘을 사용하여 성공했다. 그러나 우리 범인들이 그 방법을 터득하는 것은 보통 어려운 일이 아니었다. 마침내 정신분석이론이 나옴으로 해서 누구나 잠재의식의 힘을 파악하고 사용하여 성공할 수가 있게 되었다.

프로이트는 정신분석이론을 창시하였지만 자기 이론의 진정한 의미를 이해하였던 것 같지는 보이지 않는다. 그는 아인슈타인처럼 자기 이론의 진정한 의미를 파악하지 못했던 것 같다. 프로이트도 아인슈타인과 마찬가지로 고집이 센 사람으로 정신분석이론에 의해서 도출되는 보다 심오한 다른 이론을 부정했다. 그래서 그의 제자들인 칼 융 등은 그를 떠나 따로 학파를 세웠다.

프로이트를 이어 무수한 석학들이 정신분석이론을 발전시켰다. 과학적으로 이해와 설명이 어려운 부분은 종교인 등 현인들이 체험적으로 연구했다. 그래서 이제 우리가 정신분석이론을 이해하는 것이 그렇게 어렵지 않게 되었다. 오늘날 우리는 프로이트보다 정신분석이론의 의미를 잘 이해할 수가 있게 되었다. 오늘날의 도사는 차력술을 제자에게 전수시키면서 삼년 간 빨래하고 나무하고 밥 짓는 일을 시킬 필요가 없어졌다.

학자, 종교인, 현인들이 정신분석이론을 근저로 하여 잠재의식을 다루는 기법을 개발했다. 그 기법을 소개한 무수한 책들이 지금 시중에 나와 있다. 그 내용을 한마디로 요약해보자.

"인간은 잠재의식에 의해 움직여지는 존재이다. 잠재의식은 잠자기 직전이나 참선 등의 상태, 즉 현재의식의 활동이 최소화될 때 왕성해진다. 잠이 들어버리면 그때는 무의식의 상태가 된다. 무의식도 잠재의식의 일종이지만 그에 대해 설명하는 것은 장황한 일이 되므로 여기에서는 무의식은 잠재의식과는 다른 것이라고 해두자. 잠자기 직전이나 참선 등 상태 때, 즉 잠재의식의 활동이 왕성할 때 생각하고 상상하면 잠재의식에 각인되어진다. 잠재의식은 신(神)과 같은 능력을 갖고 있다. 각인된 것은 잠재의식에 의해 현실화된다. 생각하고 상상한 것은 모두 현실이 된다."

한마디로 요약한다고 해놓고 길어졌다. 정말로 한마디로 표현하면, "굳게 믿으면 그대로 된다"가 된다. 이 말은 예수와 석가의 가르침으로 황금률로 간주되고 있다. '잠재의식 다루는 법'은 프로이트 등 현대의 현인들에 의해서가 아니라 고대 현인들에 의해서 진작 개발되었다. 그러나 일반인들은 그것을 배우기가 쉽지 않았다. 특별한 재능을 갖고 있거나 특별한 훈련을 한 사람, 예수나 석가 등 현인들을 직접 모시는 사람들만이 제대로 배울 수가 있었다. 현대에 와서야 현인들이 정신분석이론, 생리이론 등을 알게 되어, 그 이론들을 응용하여 잠재의식을 다루는 기법들을 개발함으로 해서, 보다 많은 사람들이 '잠재의식 다루는 법'을 보다 쉽게 배울 수가 있게 된 것이다.

그런데 이상의 내용들은 너무 함축적이라 도사들의 선문답과 다름없이도 보인다. 그러니, 실증적 예를 들어 다시 설명해보기로 하자.

우리나라가 올림픽에서 금메달 한 개 두 개를 따는 것은 원래 하늘의 별을 따는 것만큼이나 어려운 일이었다. 그런데 88올림픽에서는 수십 개의 금메달을 따고 세계 4강 대열에 올랐다. 그것은 정녕 신에 의해서만 이룩되는 기적적 일이 아닌가. 도대체 선수들이 어떤 훈련을 받았기에 그런 기적적인 실적을 내게 된 것인가. 다음은 신문에 보도되었던 내용이다.

그때 선수들은 프로이트의 정신분석이론을 근저로 하여 개발된 '잠재의식 다루는 법'에 따라 훈련을 받았다. 그들은 침대에서 자기 직전에, 전문가의 지시에 따라, 상대 선수와 시합하여 이기는 광경을 상상했다. 그리고 잠이 들었다.

우리나라는 월드컵 본선대회에서 항상 꼴등을 하는 나라였다. 그런데 2002년 월드컵에서는 꼴등하던 나라가 세계 4강 대열에 올랐다. 그것은 신에 의해서만 이룩되는 기적적인 업적이 아닌가. 도대체 선수들이 어떤 훈련을 받았기에 그런 기적적인 실적을 내게 된 것인가.

한국이 기적적인 실적을 내게 된 것은 홍명보 선수 덕택이라고 세계 축구 전문가들은 진단했다. 홍명보는 도대체 어떤 훈련을 받았기에 그런 기적을 연출한 것인가. 언젠가 기자가 홍명보에게, "어쩌면 그렇게 축구를 잘 할 수가 있는가. 특별한 훈련방법이 있는가. 그 비법을 알려 달라"고 물었다. 그러자 홍명보는 그 비법을 다음과 같이 말해주었다. "나는 침대에서 자기 직전에 운동장에 있는 나 자신을 상상한다. 축구를 잘 하는 나를 상상한다. 그러면서 잠이 든다."

노먼 빈센트 피일의 '잠재의식 다루는 법'

앞 장에서 잠재의식에 대해서 구체적으로 살펴보았다. 그러나 잠재의식의 실체를 파악하여 다루는 일은 여전히 어렵게 보인다. 그래도 우리들은 옛사람들에 비하면 보다 단기간에 보다 쉽게 파악하고 다룰 수가 있다고 할 수가 있다.

심리학자, 종교인 등 많은 사람들이 정신분석이론, 생리이론 등을 근저로 하여, 잠재의식의 상태를 이해하고 도달하는데 도움이 되는 방법을 개발했다. 그 방법을 소개한 것들, 즉《초월명상》,《마인드 컨트롤》,《적극적 사고방식》,《잠재의식의 힘》,《정신력의 기적》 등 무수한 책들이 쏟아져 나왔다.

종교인인 노먼 빈센트 피일의《적극적 사고방식》에 대해서 살펴보도록 하자. 그의 저서《적극적 사고방식》의 정신은 바로 미국 정신이라

고 한다. 물론 그 책이 나오기 전에 그 정신을 소개한 무수한 책들이 있었
다. 노먼의 책이 가장 많이 팔렸고 그가 가장 유명하게 되었을 뿐이다. 그
리하여 그는 20세기 후반 미국을 움직이는 열 명 중 한 명이 되었다.

《적극적 사고방식》을 한마디로 요약하면, ‘예수님의 은혜에 모든
것을 맡기고 항상 긍정적으로 생각하고 살면, 생각하는 그대로 현실이
된다’는 내용이 된다. 기독교인이 적은 일본에서는 ‘예수’를 ‘부처님’ 또
는 그냥 ‘하느님’으로, 과학적 사고의 사람에게는 ‘잠재의식’으로 대치하
여 이해하라고 권해졌다. 그런데 그 요약된 말은 도사들의 선문답식 가
르침과 나름없는 것이 아닌가.

노먼 빈센트의 주장은 그들의 가르침과는 다르다는 것을 알려면 그
의 책을 완독해야만 한다.《적극적 사고방식》은 프로이트의 정신분석이
론을 뒷받침으로 해서 쓰였기에 현대인이, 우리 범인들이 이해하고 실천
하기가 그렇게 어렵지 않다.

‘예수님 은총, 생각하는 대로 그대로 된다.’ 어떻게 보면 아주 엉터리
같은 말로 보인다. 사실 그 책이 출판되자마자 석학들의 엄청난 비판이
일어났다. 그 비판들은 과학적 지식에 근거한 것들이었다. 그런데 비판
이 거세질수록 판매 부수는 더욱 올라갔다. 아무래도 비판자들은, 아인
슈타인과 호킹이 상대성이론과 양자역학이론을 제대로 이해 못했듯이,
무엇을 이해 못한 사람들이었다고 할 수밖에 없을 것 같다.

신비한 종교적 체험은 고금 동서양을 막론하고 도처에서 무수히 일
어났다. 초능력을 발휘하는 사람들은 무수히 등장했다.《적극적 사고방
식》의 주장처럼 사람들이 그저 믿기만 하면 그대로 현실이 되는 일은 무
수히 일어났고 일어나고 있다.《적극적 사고방식》이 엄청난 비판에도 불
구하고 베스트셀러 자리를 오늘날까지 지키고 있는 것은 당연하다면 당

연하다.

공산국가는 과학적 사상으로 세워진 국가로 종교를 아편으로 간주한다. 그런데 공산국가의 종주국인 구소련에서 예수님의 은총을 설파하는 노먼의 《적극적 사고방식》을 찬양했다. 사실, 이 책은 단순한 기독교 서적이 아니라 자연과학 정신분석이론을 근저로 한 것이었다. 과학적 사상의 나라 구소련에서 《적극적 사고방식》을 찬양할 수도 있었던 것이다.

이 책은 우리나라에도 번역되어 베스트셀러가 되었고 오늘날까지 계속해서 팔리고 있다. 그런데 이 번역본에 크게 잘못된 부분이 있다. 그것은 너무 중요한 문제로 생각되므로 좀 자세히 살펴보도록 하자.

우리나라에서는 서양서를 번역하면서 일본어 번역본을 참고하는 경우가 많다. 그래서인지 'positive thinking'을 '적극적 사고'로 번역했다. 그것은 너무 잘못된 번역으로 치명적인 것이 될 수가 있다. 물론 'positive thinking'의 원래 말에는 '적극적 사고'라는 의미가 있지만, 노먼 저서의 《positive thinking》을 '적극적 사고'라고 번역해서는 문제가 생길 수가 있다. 그는 '적극적'의 반대말 '소극적, 수동적, 긍정적'이라는 말로 사용하였기 때문이다. 'positive thinking'은 '적극적 사고'가 아니라 '긍정적 사고'로 번역해야 했다. 그런데 '적극적'이나 '긍정적'이나 그 말이 그 말이 아닌가. 아무래도 '긍정적'이라는 말에 대해서도 좀 살펴보아야만 할 것 같다.

우리 조상들은, '항상 아래를 보고 살아야 한다'고 가르쳤다. '못 올라갈 나무는 쳐다보지도 말고 아래를 보고 살라'고 가르쳤다. 사막에 사는 사람들은 매사를 긍정적으로 생각하면서 산다고 한다. 며칠 간 마실 물, 한 양동이의 물을 구해 다 놓고 나갔다 돌아와 누가 마셨는지 가져갔는지 한 사발의 물 밖에 남지 않은 것을 보고도 분노, 절망하지 않는다고 한다. 오히려 한 사발의 물이라도 남아 있어 갈증으로 죽지 않게 된 것을 감사한다고 한다. 그런 태도가 그들로 하여금 사막에서 살아남게 한 것이다. 우리 조상들과 사막의 사람들의 태도는 모두 운명적, 체념적인 것이다.

의사는 '긍정적으로 생각해야 건강하게 살수가 있다'고 말한다. – 이 말에서 '긍정적'은 '적극적'이 아니라 '소극적, 운명적, 체념적'의미라는 것에 유의해야 한다. 의사는 우리들에게 술 담배를 금하라고 하면서 자기는 즐긴다고 한다. '왜 그러느냐?'고 물어보면, '술 담배고 교통사고고 간에 인간사 모두 유전인자에 새겨진 그대로 된 것일 뿐이다'고 대답한다.

유전인자, 팔자, 운명 모두 동의어인 것 같다. 고대와 현대의 현인들의 견해는 비관적 운명론자들의 그것과 다름없이 보인다. 그러나 앞의 의사의 견해와 운명론자의 것이 비슷하기는 하지만 똑같지는 않다. 운명론자는 자신이 완전히 이해 못하는, 설명 못하는 것에 의해 체념, 포기의 상태에 이르렀지만, 의사의 경우에는 과학적 지식에 의해 체념의 상태에 이르렀으므로 개선의 여지가 아직 남아 있다고 해야 할 것이다. 비관적 운명론자는 완전 포기, 체념의 상태에 있지만 의사는 그렇지는 않은 것이다. 의사의 '긍정적'이라는 말에는 '소극적'과 아울러 '적극적'이라는 의미가 포함되어 있다. 노먼은 신앙에 의해서 체념(달관)의 상태에 이르렀다. 그의 《적극적 사고방식》은 신앙, 영적 체험에 의존하여 비관을 낙관으로, 체념을 달관으로 승화시키고 있다. '체념'은 '절망'이 아니라 '희망'이다. 이 관점에서는 'positive'를 '적극적'으로 번역해도 될 것 같다.

'흥부와 놀부' 이야기가 있다. 흥부는 운명적, 체념적 (긍정적, 수동적, 소극적)인데 반해서 놀부는 부정적, 능동적, 적극적이었다. 놀부는 제비 발을 부러뜨려 자신의 목적을 달성하려고 했다. 현대 같은 치열한 생존경쟁의 사회에서는 흥부 같은 긍정적, 소극적 태도보다는 놀부 같은 부정적, 적극적 태도가 절대적으로 더 필요한 것이 아닌가. 일본인이 서양인을 따라잡게 된 것은 놀부 같이 적극적으로 살아온 덕택이었다.

노먼 빈센트의 'positive thinking'을 '수동적, 긍정적 사고'로 번역하지 않고 '적극적 사고'로 번역한 것은 시대의 이데올로기 때문이 아니었는지 모르겠다. 그래서 그런지 몰라도 우리나라에도 '적극적'이라는 단어가 풍미했다. '수동적, 긍정적'이라는 말에도 그 반대, 즉 '능동적, 적극적' 의미를 포함하게 되었다. 그래서 우리들이 선현(先賢)들의 지혜가 담긴, '수동적, 긍정적'이란 말을 이해하는데 장애가 생기게 되었다.

3장

현대의 득도 기법(得道技法)을 소개한다

철학, 심리학, 과학, 종교, 문학 개요(概要) – 득도(得道) 수련 전의
워밍업

누구나 쉽게 배울 수가 있는 '잠재의식의 힘' 기법이 있다. 그러나 그
기법을 배우기 전에 철학 등 인문사회과학과 심리학, 생리학 등 자연과
학을 먼저 이해해야 한다. 학교를 졸업한 지 오래된 사람들이 새삼스레
과학을 공부하는 것은 어려운 일이다. 따라서 이 장에서는 철학, 심리학,
과학, 종교, 문학 등에 관해서 살펴보려고 한다. 그래서 사람들이 그것들
을 공부하지 않고 바로 잠재의식의 힘을 이용하는 기법을 익히는 것이 가
능하게 하려고 한다.

동양문명과 서양문명

서양의 한 석학이 중국문명을 연구하여 방대한 양의 책을 출간한 적이 있다. 그는 그 책의 서두에서 다음과 같이 썼다.

'중국문명은 중세까지는 서양을 압도했다. 근대에 이르러 동서양 모든 문명이 유럽으로 흘러 들어오게 되어 근대문명이 탄생했다.'

그러자 그런 견해에 대해서 동양의 한 석학이 반발하여 다음과 같이 썼다.

'근대에 이르러 동서양 문명이 모두 유럽문명 속으로 흘러 들어갔다는 생각은 잘못된 것이다. 동양문명은 옛날이나 오늘날이나 결코 서양문명보다 열등하지 않다. 서양문명이 양(陽)이라면 동양문명은 음(陰)이다. 양자가 상호 보완하여 현대문명을 구성하고 있다. 동양문명은 현대문명의 절반을 차지하고 있다.'

언뜻 보면 앞의 서양의 석학은 동양문명을 무시하고 동양의 석학은 동양인의 자존심을 세워주고 있는 것같이 보인다. 그러나 사실은 그 정반대이다.

19세기이래 동양문명은 서양문명에게 압도되어 십분의 일에도 미치지 못하게 되고 말았다. 이 견해가 의심스러우면 당장 주변을 살펴보아라. 우리는, 서양인이고 동양인이고 간에, 모두 서양문명 속에서 살고 있다. 그런데도 동양문명이 현대문명의 절반을 구성하고 있다고 말한다면 그것은 억지이며 동양문명은 허구라고 주장하는 것이다.

'동서양 문명이 유럽으로 흘러 들어가 현대문명을 탄생시켰다'는 견해에는 동양문명 경시가 아니라 찬양의 의미가 포함되어 있다. 유럽에서 근대문명이 탄생하게 된 것은 동양문명, 즉 화약, 나침반, 인쇄술 등의 덕택이었다고 서양의 문명역사연구가들 모두가 말한다. 현대문명의 본

바탕은 동양문명을 모태로 하여 구성되어 있는 것이다. 현대문명이 자체의 문제로 인하여 위기에 빠지자 서양의 지성인들이 동양문명에 깊은 관심을 기울인 것은 당연한 일이었다.

그러나 그들이 관심을 기울인 것은 어디까지나 근원적인 문제의 경우일 뿐이다. 서양인들은 동양문명을 현대문명의 십분의 일도 차지하지 못하는 것으로 경시하고 있다. 현대의 서양석학 중에는 동양철학에 깊은 관심을 갖고 있는 사람들이 많이 있지만 어디까지나 관심이지 그 이상은 아니다.

미국 뉴욕에서 동서양 각국의 철학자들이 모여 연구 발표회를 벌인 적이 있었다. 이때 한국의 김용옥 교수가 동양철학을 마이크로 발표하였는데 그가 지정시간을 조금 초과하자 주최 측에서 마이크 전원 스위치를 꺼서 중지시켜버렸다. 이 이야기는 김교수가 말한 것이다. 서양인들이 동양철학을 얼마나 경시하고 있는지 짐작할 수가 있다.

현대는 물리학의 세계이다

철학은 인간과 우주의 비밀을 캐내는 학문으로 원래부터 제 학문 중의 왕자였다. 그런데 20세기에 이르러 서양철학은 그 비밀을 캐내는 데 절망하고 말았다. 그래서 서양철학은 왕자의 자리에서 물러나 과학철학, 논리실증분석철학, 언어분석철학 등의 이름으로 제 학문 중의 하나가 되고 말았다.

이제 인간과 우주의 비밀을 캐내는 일은 물리학이 맡게 되었다. 원래부터 물리학은 인문사회과학, 자연과학 할 것 없이 모든 학문의 밑바탕이었다. 데카르트, 뉴턴 등의 출현으로 하여 과학 만능 사조의 세상이 되었던 근대에는 물리학이 세상의 모든 문제를 해결해 줄 것이라고 사람들은 믿었다. 그렇지만 물리학이 제 학문의 왕자 자리에 정식으로 등극한 것은 20세기에 들어서였다. 이 사실에 깜깜한 사람이, 그것도 서양의 철학가가, 오늘날에조차 있는 것 같다.

근래에 저명한 서양의 한 철학가가 다음과 같이 불평했다.

'노선배들은 우리 젊은 후배들에게 철학 공부에만 몰두하지 말고 물리학, 화학 등 자연과학을 공부하라고 충고한다. 자기들은 자연과학을 잘 모르면서 우리보고만 공부하라고 권고한다.'

이것을 말한 사람은 세계적으로 유명한 철학가였는데 세상의 흐름을 전혀 모르고 있는 것이었다. 20세기에 이르러 철학이 인간과 우주의 비밀을 캐내는 것을 포기하여 물리학이 대신 맡게 되었다. 이제 그 비밀을 알기 위해서는 물리학, 화학, 생명과학 등 자연과학을 공부할 수밖에 없게 되었다. 그런데 늙은 철학가들은 물리학, 화학을 공부할 도리가 없다. 그래서 그들은 장래가 촉망되는 후배들에게 늦기 전에 공부하라고 충고하여 주었던 것이다.

오늘날 물리학자들은 모든 것의 이론을 발견하기 위해 매진하고 있다. 그들이 결국 그 이론을 발견하여 인간과 우주의 비밀이 밝혀지게 될 것인가. 유감이지만, 기대를 안 하는 것이 좋을 것 같다. 수학논리학 이론인 '불완전성 원리'는 인간 지성의 한계를 벌써 증명했다. 물리학도 철학과 마찬가지의 상태에 빠져 있었다. 물리학계에도 철학계와 마찬가지로 진작부터 비관적이란 구름에 덮여 있었다.

철학의 왕자 위치가 본격적으로 흔들린 것은 20세기 초 심리학에 의해서였다. 그 때에 프로이트의 정신분석이론이 나오자 그 이론이 철학을 대신하여 인간과 우주의 비밀을 실증적으로 밝혀주게 될 것이라고 사람들은 기대했다. 그러나 프로이트는 진작 심리학으로서는 그 비밀을 캐

낼 수가 없다는 것을 깨달았던 것 같다. 그의 이론은 벌써부터 비관적이
란 구름에 덮여 있었다.

철학, 심리학, 물리학 등 모든 학계가 비관적이란 구름에 덮여 있으
니 인류는 인간과 우주의 비밀을 결코 알 수가 없는 것이 아닐까. 세상에
서 사는 것의 궁극적 의미는 비극이 아닐까.

인간존재가, 세상이 비극이라고 단정하는 것은 아직 속단이다. 인
류 역사상 정말로 머리 좋은 사람들은 철학가, 심리학자, 물리학자가 아
니었다. 프로이트는 잠재의식의 존재를 실증하였지만 진정으로 이해하
지는 못했다. 이에 반해 비록 잠재의식의 존재를 실증하지는 못하지만
진정으로 이해한 사람들이 있었다.

인간과 우주의 비밀을 아는 사람들

현대문명은 2000년 전의 그리스 문명을 이어 받아 발전시킨 것이
다. 철학, 심리학, 물리학 모두 그리스에서 발아한 것이었다. 그리스 문명
이 제대로 발전했다면 현대문명은 1000년 앞서 일어나게 되었을 것이라
고도 한다. 그러나 2000년 전에 벌써, 그리스 문명으로는 인간과 우주의
비밀을 결코 파악할 수가 없다는 것을 깨달은 사람들이 있었다. 그들은
예수, 소크라테스, 석가, 공자 등 사대 성인으로 인류 역사의 진보 방향을
바꾼 사람들이다. 그들로 인하여 그리스 문명의 발전이 더디게 되었다.
만일 사대 성인이 그때 출현하지 않았다면 현대문명은 천년 앞서 일어났
을는지도 모른다. 그러나 20세기 '게르만 인종 우월주의' 대신에 10세기
'그리스 인종 우월주의', '중국 인종 우월주의'가 나타나고 핵폭탄 테러로
인하여 인류는 진작 지구상에서 사라지게 되고 말았을는지도 모른다.

'진화론'의 다윈은 역사의 흐름을 바꾼 위대한 생물학자이다. 그는,

‘문명인이 야만인을 지구상에서 모두 구축하게 될 것이다’고 예언했다. 과연, 히틀러의 독일 제3제국은 ‘게르만 인종 우월주의’ 기치를 올리고 세계대전을 일으켰다. 영국과 미국은 게르만 민족의 국가였다. 그러나 예수의 가르침을 따르는 청교도 국가였다. 영국과 미국은 독일 제3제국에 분연히 맞서 싸워 승리하여 ‘게르만 인종 우월주의’를 잠재웠다.

인간의 비밀, 잠재의식의 실재를 이해한 사람들은 사대 성인들 외에도 동서고금에 무수히 등장했다. 종교로 해서 비관적 세계를 낙관적으로 바꾸려고 한 사람들도 있었다. 이슬람교, 기독교, 불교 등 종교에서는 현세가 비극적이라는 것은 수긍하지만 사후세계에 행복이 있다고 가르친다. 그래서 산다는 것은 슬픈 것이 아니라 기쁜 것이라고 가르친다. 종교의 그 주장에는 문제점이 좀 있는 것 같다. 사실 석가, 공자, 소크라테스 모두 사후의 세계를 강조하지 않았다. 예수도 사후의 세계에 절대적으로 의지했던 것 같지는 않다. 종교는 그들의 제자들에 의해서 세워진 것이었다.

요즘 이슬람의 테러로 인하여 세계가 공포에 휩싸여있다. 그러나 역사상 진정 잔인한 행동은 기독교인에 의해서 저질러진 것이었다. 종교에 의해, 즉 사후의 세계, 천국으로 하여 비관적 세계를 낙관적 세계로 바꾸려고 하는 것에는 심각한 문제점이 있는 것 같다.

비관적 성격의 위인들 - 링컨, 처칠, 루즈벨트, 맥아더, 레이건

현대 세계를 규율하는 나라는 미국이다. 미국을 지배하는 사상은 과연 어떤 것인가. 미국정신은 낙관성, 진취성으로 요약되기도 한다. 미국의 위대한 인물들인 레이건과 맥아더 등 정치계와 군부의 매파 지도자들은 낙관적이고 진취적인 성격의 대표 인물들이었다고 평해지고 있다. 맥아더가 필리핀을 떠나면서 한 말인 '나는 돌아온다'는 신념과 낙관에 가득 찬 것이라고 사람들은 감탄한다. 레이건은 자신의 책상 위에 '하면 된다'는 팻말을 놓아두었다. 그는 책상을 옮기게 되면 그 팻말을 맨 먼저 옮겼다고 한다. 레이건은 '하면 된다'는 신념과 낙관으로 하여 위대한 미국을 이루었다고 칭송 받고 있다.

그런데 뜻밖에도 미국의 한 심리학자는 레이건과 맥아더를 비관적 성격의 인물군으로 분류했다. 그 학자의 논서를 아직 보지 못해 어째서 그가 그렇게 분류하였는지 정확히 알 수는 없지만 대략 짐작할 수는 있다. 2차 대전 때 필리핀 위수 사령관 맥아더는, 일본군이 쳐들어오자, 맞서 싸우지 않고 남쪽으로 달아나면서 '나는 돌아온다'고 말했다. 진정으로 신념에 가득 차고 낙관적인 사람은 '하면 된다'는 팻말을 신주 모시듯이 할 필요가 없는 것이 아닌가. 레이건은 비관적 성격의 인물이기에 그 팻말에 잠시도 눈을 떼지 않고, 의지하고 살았던 것이 아닐까. '하면 된다' 팻말에서 겨우 용기를 얻어 일을 추진하였던 것이 아닐까. 낙관적인 성격의 노인은 치매에 잘 안 걸리는 반면에 비관적인 성격의 노인은 잘 걸린다고 한다. 레이건은 치매로 인하여 생을 마감했다.

현대문명의 발원지 그리스 문명에는 짙은 우수(憂愁)가 깔려있었다. 서양인들이 예수를 십자가에 못 박아 죽였을 때 서양문명은 살아 되나올 수 없는 비극의 심연 속에 빠져버렸다. 자신들이 죽인 예수님에게 은총을 기대하는 것 외에는 방법이 없게 되어버렸다. 살아서 은총을 기대할 수가 없다면 죽어서 기대할 수밖에 없었다. 서양인들은 예수를 죽일 때 사용한 십자가를 다시 만들어 그것을 보며 참회의 눈물을 흘리고 빌며 하루하루를 살고 있다. 서양문명은 숙명적으로 비관이란 짙은 구름에 덮여있다. 그 구름 속에서 한 줄기 빛을 찾아 몸부림치고 있는 것이 서양문명의 현주소이다. 몸부림치고 있다는 것은 아직 완전히 절망한 상태는 아니라고 할 수도 있다. 거기에는, 언어의 유희지만, 낙관성, 진취성이 있다고 할 수도 있다. 그러나 몸부림치다 죽어 천국에 가는 것이 서양문명의 궁극 목표와 다름이 아니다.

'현대 서양문명은 그리스 문명에서 발원된 것'이라고 사람들은 통상 생각한다. 그러나 사실은 그렇지가 않다. 서양문명은 그리스 문명이 아니라 로마 기독교 문명에서 발원되었다. 로마인들은 그리스 문명을 파괴시켜 없애버렸다. 머릿속이 텅텅 비어 있는 로마인들이 고급의 그리스 문명을 이해할 수 있었을 리가 없다. 저급의 로마문명이 불교나 힌두교에 비한다면 유치한 종교인 기독교를 국교로 삼는 것은 역사의 필연이었다. 로마는 기독교 문명국가가 되었다. 로마에서 잉태한 서양 제국(諸國)은 자연히 기독교 문명국가가 되었다. 그리고 나서 아라비아로부터 그리스 문명을 받아들였다.

미국에서 가장 위대한 대통령으로 받들어지고 있는 인물은 링컨이다. 그런데 그의 얼굴에는 온 세상의 슬픔을 모두 안고 있는 듯한 우수가 서려있다. 링컨은 가장 비관적 성격의 인물이 아니었을까. 현대 세계는 미국과 영국의 2차 대전의 승리로 하여 탄생된 것이다. 두 나라로 하여금 이 대전에서 승리하게 한 지도자들은 처칠과 루즈벨트로 낙관적이고 진취적인 성격의 인물로 알려져 있다. 그러나 심리학자는 그들을 낙관적, 진취적 성격과는 먼 거리의 인물군으로 분류할 것이다. 처칠은 술과 담배에 의지하여 간신히 하루하루를 사는 사람이었다. 그는 위스키 한 병을 마셔야만 겨우 집무를 할 수가 있었다. 루즈벨트도 마찬가지였다. 그는 불구의 몸이라 처칠보다 더 비관적 성격의 인물이 되었던 것으로 보인다.

서양정신은 이성적, 합리적 정신으로 요약되기도 한다. 그러나 그 것은 어디까지나 이전에 말한 바와 같은 맥락에서일 뿐이다. 비관적 성 격의 인물은 이성적, 합리적으로 일을 해결하려하기보다는 점술 등에 의 존하기가 쉽다.

2차 대전은 오늘날의 세계를 형성시켰다. 이 대전을 이끌어간 사람 들은 히틀러, 루즈벨트, 처칠, 스탈린 등 서양인들이었다. 그들은 과연 이 성적, 합리적으로 전쟁 정국을 이끌어간 것이었을까. 루즈벨트, 처칠은 점술 등에 의존하여 산 사람들이었다고 한다. 히틀러만은 그들과 다른 사람이 아니었을까. 실망스럽게도, 그는 그들보다 더욱 점술 등에 의존 한 사람이었다고 한다. 스탈린의 경우에도, 아직 확실히 밝혀지지는 않 았지만, 마찬가지였던 것 같다. 정치 지도자들은 그 모양이니 다른 사람 들에게로 시선을 돌려보기로 하자. 종교, 철학, 과학에서는 기대할 것이 없는 것 같으니 문학 쪽으로 시선을 돌려보기로 하자.

괴테, 셰익스피어, 바하

현대인들은 철학가, 정치가로부터 생의 희망을 찾을 수가 없었다. 기독교 등 종교에서 삶의 의의를 찾는 것은 근대에 벌써 포기했다. 이제 서양문명이 의지할 데는 문학과 예술의 거장(巨匠)들의 세계가 있을 뿐 이다. 그런데 그들은 과연 인간과 우주의 비밀을 아는 사람들이었을까.

동서양 사람들은 괴테의 《파우스트》를 최고의 걸작이라고 입에 침 이 마르도록 칭송한다. 그러나 막상 그 책을 읽어보면 그저 그런 작품에 불과하다는 느낌을 받게 된다. 물론 제대로 이해하지 못했기 때문일 것 이다. 괴테의 작품세계에 대해서 여기서 길게 다룰 수가 없으니 몇 마디로 요약해보기로 하자. 사실 그의 작품이라는 것은 어떻게 보면 별 것이 아니다. 단지, 그의 작품에는 인간에 대한, 산다는 것에 대한 긍정, 낙관이 진하게 배여 있고, 그 점이 높이 평가될 수가 있을 뿐이다. 그 이유로 인하여 그의 작품이 현대인에게는 별것이 아닌데도 그처럼 높이 평가받고 있는 것이다. 톨스토이, 셰익스피어 등의 경우에도 마찬가지이다.

그들은 인간과 우주의 비밀을 알았지만 그것은 이성(理性)이 아니라 감정(感情)에 의해서였다. 그 감정이 그들의 문학 작품 속에 스며 있는 것이다.

우주 은하계 어떤 별나라에는 진정으로 우주의 비밀을 아는 외계인이 살고 있다고 한다. 그들의 문명에 비한다면 21세기 지구문명은 원시인 수준에 불과한 것이라고 한다. 만일 그 외계인이 지구로 온다면 우리 지구인을 어떻게 보게 될까. 외계인들은 아인슈타인 외의 지구인은 모두 원시인으로 볼 것이라고 필자는 생각했다. 그런데 저명한 과학자이며 저술가인 한 서양인은 다음과 같이 말했다.

"외계인들은 셰익스피어, 바하(음악가), 페르멜(화가) 같은 사람들에게만 일시적인 경의를 표명하고 나머지 우리 인간들은 아인슈타인이고 누구고 간에 역겨워 모조리 없애버릴 것이다."

그러고 보니 그럴 것 같았다. 우주는 아인슈타인의 상대성이론으로 하여 구성되어 있다. 외계인에게 상대성이론은 상식 중의 상식일 것이다. 고도문명의 별나라 사람은 유아기 때 누가 가르쳐 주지 않아도, 지구의 사람이 덧셈 뺄셈을 알듯이, 상대성이론을 알게 될 것이다. 외계인에게는 아인슈타인은 별나라 저능아, 한심한 인간으로 보일 것이다.

그러나 셰익스피어, 바하, 페르멜은 상식 중 상식인 상대성이론이 아니라 진정한 우주의 비밀을 알고 있는 사람들이다. 그러니 외계인도 그들에게는 경의를 표명할 것이다. 그렇지만 셰익스피어 등이 우주의 비밀을 안 것은 이성이 아니라 감정에 의해서였다. 감정을 표현하는 문예물에는 그 비밀이 나타날 수가 있지만, 그것뿐이다. 사실은 셰익스피어, 바하, 페르멜 등도 우리와 마찬가지로 우주비밀을 알고 있는 사람들이 아니었다. 그들은 그리스 문명의 자식들이었다. 모두 다 고대에 진작 인간과 세상의 비밀을 찾다가 지쳐 우수에 쌓여버린 그리스 문명의 자식들이었다.

20세기 후반에는 문학과 예술의 거장들에게서도 생의 의의를 찾을 수 없음을 절감한 현대문명(서양문명)은 연예와 스포츠 스타들에게로 시선을 돌렸다. 그러나 스크린, 권투 글러브, 축구 공 속에서 과연 생의 의의를 찾을 수가 있을까. 생의 의의를 찾아 몸부림치는 서양문명을 보면 애처롭기 그지없다.

우리 동양인들도 현대문명(서양문명) 세계에서 살고 있으니 희망 없는 세계에서 살고 있는 것이 아닐까. 아직 절망하지는 말자. 현대문명은 서양문명을 90%로 하여 구성되어 있지만 그것은 어디까지나 바닷물 밖의 빙산의 경우와 같은 것이다. 물 밖의 빙산은 전체 빙산의 십분의 일에 불과하다. 사실은, 현대문명의 90%를 차지하는 것은 물 속의 빙산, 동양문명이었다. 그리스 문명의 경우에도 마찬가지이다. 그리스 문명도 90%가 이집트 등 동양문명으로 해서 구성된 것이었는데도 그리스인들은 동양인을 야만인으로 여기고 동양문화에 관심을 전혀 기울이지 않았다. 그리스인들이 자신 문명만으로 인간과 우주의 비밀 문제를 해결하려 하다 안 되자 절망에 빠진 것은 잘못이었다. 현대인의 경우에도 마찬가지이다. 서양문명을 현대문명의 전체로 간주하여 절망하는 것은 잘못이다.

현대문명은 그리스 문명만을 발원으로 하여 이룩된 것이 아니다. 그리스 문명을 시간적으로 전후하여, 공간적으로 좌우하여 무수한 위대한 문명이 있었다. 그리스 문명은 그 위대한 문명 중의 하나일 뿐이다. 인도, 중국에 인간과 우주의 비밀을 깨달은 사람들이 무수히 등장하였었다. 동양의 현자들은 벌써부터 사후세계, 천국으로 하여 문제를 해결하려 하는 것은 어리석은 일이라는 것을 간파했다.

외계인이 지구로 온다면 셰익스피어, 바하, 페르멜 외의 사람들은 모두 원시인으로 취급할 것이라고 한 서양인은 말했다. 그러나 그 서양인은 서양문명에 사로잡힌 탓으로 무엇을 몰랐다. 만일 외계인이 지구로 온다면 셰익스피어, 바하, 페르멜도 원시인으로 취급하고 단지 동양의 현자들에게만 일시적이나마 관심을 보일 것이다. 외계인들은 기독교는 거들떠보지도 않고 단지 힌두교에만 좀 관심을 보일 것이다.

동양의 현자(賢者)들

동양의 현자(賢者)들은 인간과 우주의 비밀을 알았다. 그것은 분명한 것 같다. 그러나 그들은 우리 동양인에게도 먼 거리에 있는 사람들로만 보인다. 왜냐하면 그들은 동굴 속에서 수십 년씩 명상하여 그 비밀을 깨달았기 때문이다. 동양철학, 득도 어쩌고저쩌고 모두 다 별나라 이야기인 것 같기만 하다. 사실, 우리에게는 동양의 현자들보다는 니체, 칸트, 헤겔이 더 가까운 거리의 인물로 보인다. 도서관에서 그들의 저술을 공부하여 그들의 세계를 알 수가 있으니까 말이다. 만일 철학, 심리학, 물리학이 인간과 우주의 비밀을 밝혀내는 데 성공한다면 우리 범인들도 도서관에서 공부하여 그 비밀을 알 수가 있게 될 것이다.

우리는 도(道)를 깨닫기 위해서 현자들처럼 동굴 속에서 수십 년씩 명상수련을 할 수가 없다. 그러니 우리 범인들은 영영 인생의 비밀을 알지 못한 채 혼돈 속에서 살아야만 하는 것이 아닌가. 동양문명 어쩌고저쩌고 하지만 우리가 산다는 것은 결국 슬픈 것이 아닐까. 그런데 동양의 현인들은 우주의 비밀을, 산다는 것이 기쁜 것인지 슬픈 것인지를 분명히 알았다. 우주의 비밀은 개인능력과는 상관없는 것이지 않는가. 우리 범인들도 현자들의 도의 상태에 도달할 수는 없지만 그것을 짐작은 한다. 마찬가지로 우주의 비밀을 짐작은 할 수가 있는 것이 아닌가.

인간과 우주의 비밀을 안 도사들의 얼굴에는 기쁨으로 충만 되어 있다. 세상이, 산다는 것이 슬픈 것이 아니라 기쁜 것은 확실한 것 같다. 득도한 사람들은 초능력을 발휘하기도 한다. 우리가 그것만은 흉내조차도 낼 수가 없다고 하여 크게 실망할 필요는 없을 것 같다.

득도한 석가는 초능력을 발휘하기도 했다. 그러나 그는 제자들에게, '초능력은 별것이 아니니 의지해서는 안 된다'고 가르쳤다. 현대의 초능력자 유리겔라는 쇠붙이를 쳐다보는 것만으로 하여 구부린다. 그는 인류를 위해서 '핵무기여! 고장나라!'고 외쳐댔다. 그러나 그로 인해 핵무기가 고장났다는 아무 소식이 없었다. 인간의 초능력에는 한계가 있는 것 같다. 초능력은 별것이 아니라는 석가의 말씀이 옳은 것 같다.

모든 것이 확실해졌다. 산다는 것은 슬픈 것이 아니라 기쁜 것이다. 이 결론을 얻기 위해서 거장(巨匠)들에게 매달릴 필요가 없다. 아니, 그들에게 매달려서는 안 된다. 왜냐하면 괴테 등은 우리에게 희망을 주기는 하지만 그리스 문명의 자식들이기 때문이다. 그들은 진정으로 우주의 비밀을 알고 있는 사람들이 아니다.

도통(道通)한 사람이 도(道)를 알지 못한다

과학, 철학 등 학문 연구는 언어로 하여지는 것이다. 언어의 한계는 학문의 한계이다. 도(道)는 언어로 표현할 수가 없다. 언어로 표현된 도는 껍데기일 뿐이다. '동양철학에서 도를 다룬다'는 말은 껍데기를 다룬다는 의미에 다름 아니다. 도의 속을 다루는 철학이 있기는 하다. 프랑스의 실존철학은 속을 다루고 있다. 그러니 우리 범인들이 도를 알고 싶으면 도서관에 가서, '도가 어쩌고저쩌고 하는' 동양철학 책은 거들떠보지 말고, 실존철학 책을 선택하여 공부하면 된다.

그렇지만 도는 언어로 표현할 수가 있는 것이 아니다. 실존철학은 언어로 표현할 수 있는 한도의 도를 다루고 있는 것으로 양파의 한 꺼풀을 벗겨낸 것일 뿐이다. 실존철학은 그보다 더한 한계를 갖고 있다. 이 철학은 기독교 문명으로부터 그리스 문명으로 회귀하자는 주의에서 비롯되었다. 그러나 서양인들은 수천 년 세월로 인하여 그들의 유전자에는 이미 기독교 문명이 새겨져 있다. 그들은 기독교적 사고에서 결코 벗어날 수가 없다. 벗어난다고 해도 또 문제가 있다. 그리스 문명은 도를 깨달은 문명이 아니다.

실존철학가들은 도의 껍데기(비록 양파 한 꺼풀이지만)를 벗겨내고 속을 들여다보았다. 이윽고 도가 보였다. 그것은 바로 무(無)였다. 실존철학가들은 그 무가 단순한 무가 아니라 심오한 것임을 짐작했다. 그것이 그들에 의해 깨쳐진 전부였다.

도는 전인격적으로 해야만 파악할 수가 있는 것이다. 이성, 감정 중 한편만으로 하여 파악하려하는 것은 파악은 고사하고 위험한 일이 될 수가 있다. 종교인이 영적 체험으로, 거장이 작품으로 파악하려하는 것까지는 괜찮다. 그러나 실존철학가들처럼 이성(언어)으로만 하여 파악하려하는 것은 득보다 해가 많을 수가 있다.

실존철학가는 생(生)은 무이지만 헛된 것은 아니라고 사람들에게 말했다. 그러나 사람들은 그의 고뇌에 찬 얼굴에서 그의 말이 공허한 것임을 느꼈다. 그래서 '생은 무이지만 헛된 것이 아니다'는 실존철학가의 말은 역효과를 일으켜 세상은 더욱 더 비관적이란 구름에 덮이게 되었다. 그리하여 실존철학의 유행은 사그라졌다.

'지식은 언어를 의미한다'는 사실이 과학자들에 의해 밝혀졌다. 즉, 우리가 머리 속으로 무엇을 생각해도 실은 언어를 통하여 생각하고 있는 것이다. 언어로 표현할 수가 없는 것은 머릿속으로도 상상할 수가 없는 것이다.

'도는 언어로 표현할 수가 없다'는 말은 '도는 깨달을 수가 없다'는 말이다. 그렇다면 도사들이 '깨달았다'는 것은 무엇인가. 사실은 그들도 도를 깨달은 것이 아니었다. 깨달은 것이 아니라 체험을 한 것이었다. 그것도 특정한 시기의 한 순간에 그런 것이다. 그 순간만은 그들은 인간과 우주의 비밀을 알고 초능력을 발휘한다. 그러나 그 순간이 지나가면 그들은 자신이 그때 안 것을 알지 못한다. 왜냐하면 언어로 안 것이 아니기 때문이다. 그들은 그 순간의 체험을 회상하며, '도는 이런 것이구나!' 하고 짐작만 한다. 따라서 어떤 의미에서는 그들과 우리 범인들 간에 차이가 없다.

특정한 시기에는 도를 체험하는 순간이 하루에도 여러 차례 발생한다. 그 시기가 지나면 그 순간이 뜸해지다가 나중에는 전혀 발생하지 않게 된다. 석가도 노년기에는 그 순간을 거의 체험하지 못한 것으로 보인다.

프로이트는 인류역사상 가장 위대한 공적을 세웠다. 그는 잠재의식을 언어로 표현할 수 있는 길을 터놓았다. 도는 잠재의식의 세계이다. 따라서 도를 언어로 표현할 수 있는 길이 일단 열린 셈이다.

　실존철학가들은 지식(언어)으로 도를 파악했다. 그래서 그들은 자신이 파악한 것을 명확하게 언어(지식)로 표현할 수가 있었다. 그러나 안타깝게도 그들은 양파 한 커플을 벗긴 것이었을 뿐이었다. 한편 고대의 도사들은 도의 본체를 파악하였지만 그것이 지식으로서가 아니라 언어로는 전혀 표현할 수가 없었다.

　현대의 도사들은 도의 순간 체험을 하고 나서, 종교인들은 영적 체험을 하고 나서, 그 체험을 프로이트의 정신분석이론에 의거하여 회상해 보았다. 지식(언어)으로 경험한 것이 아니라 짐작 밖에 할 수가 없지만 그래도 예전에 비하면 훨씬 명확하게 언어로 표현할 수가 있었다. 동굴 속에서 수십 년씩 명상하여 도달한 도의 상태가(비록 여전히 짐작이라고 하지만 그래도) 이윽고 언어로 표현된 것이다. 이제 누구나 도의 상태를 지식(언어)으로 도사만큼 알 수가 있게 되었다. 지금부터는 현대의 도사들이 말하는 도를, 종교인들이 말하는 영적 체험을 살펴보기로 하자.

‘득도하는 법’, 즉 ‘잠재의식 다루는 법’

　위인들은 잠재의식의 힘을 이용하여 위대한 업적을 이루었다. 연예계, 스포츠계의 스타들도 마찬가지이다. 정신분석이론을 공부하거나 도사들처럼 수도를 하여 잠재의식의 힘을 이용하는 법을 알게 된 것이 아니라, 본능적으로 그 힘을 알고 이용했다. 잠재의식에 관한한, 그들은 가히 천부적이라고 할 수가 있다.

　그렇지 않은 우리 일반인도 위인이나 스타들처럼 효과적으로 잠재의식의 힘을 이용할 수가 있다는 것은 앞에서 벌써 밝혔는데, 너무 추상

적이고 사변적인 내용이었던 것 같다. 따라서 이 장에서는 누구나 잠재의식 다루는 기법을 익혀 위인이나 스타처럼 사용할 수 있게 하기 위하여 실증적으로 설명하려고 한다.

노먼 피일, 단 카스터, 죠셉 머피

미국에서 잠재의식의 힘을 이용하여 성공하는 기법을 소개하는 무수한 책들이 출판되었다. 그 중에서 가장 유명한 것은 노먼 피일(Norman Vincent Peale)의 《적극적 사고방식(The Power of Positive Thinking)》, 단 카스터(Dan Custer)의 《정신력의 기적(The Miracle of Mind Power)》, 죠셉 머피(Joseph Murphy)의 《잠재의식의 힘(The Power of Your Subconscious Mind)》이다. 이 책들은 너무 훌륭한 것들이라 삼대 성전(聖典)이라고 불린다.

《적극적 사고방식》의 원래 제목은 《신앙의 힘(the power of faith)》이었다. 여기에서 확실해지듯이 이 책은 원래 기독교 신앙서였다. 비록 노먼의 책이 가장 많이 팔렸고 그가 가장 유명하게 되었지만 한계점이 원래부터 있었던 것으로 보인다. '신은 죽었다'고 외치며 기독교 신에 반기를 맨 처음 든 사람들은 서양인들이었다. 과학적 사고가 지배하는 현대에는 서양에서도 이제 기독교는 단지 마음의 안식처에 불과하게 되었다. 그러니 우리 동양인이 노먼의 '적극적 사고방식'으로 하여 득도하려는 것에는 재고가 있어야만 할 것 같다.

단과 머피는 노먼과 마찬가지로 목사이고 그들의 저서인 《정신력의 기적》과 《잠재의식의 힘》 역시 '예수님 은총, 사후의 세계'에 의지하는 기독교 신앙서의 일종이다. 그러나 단 카스터와 머피에게는 노먼과 다른 점이 있다. 그들은, 노먼과는 달리, 예수처럼 이적(異蹟)을 일으키기도 했다. 단과 머피는 도통한 사람들이었던 것으로 추측된다. 그들의 저서에는, 비록 기독교 신앙서의 일종이지만, 노먼의 것보다 훨씬 이상으로, 심리학을 근저로 하여 실증적, 구체적 내용으로 구성되어 있어서 과학적 사고가 면면히 흐르고 있다. 그 기법을 사용하여 성공한 사람들이 예전에 많았고 오늘날에도 많은 것 같다. 오늘날까지 계속해서 베스트셀러라고 하니까 말이다.

마인드 컨트롤(mind control)

《정신력의 기적》과《잠재의식의 힘》책에 의해 우리는 잠재의식을 이용하는 기법을 익힐 수가 있다. 그러나 책으로 하여 잠재의식을 다루는 법을, 심오한 기법들을 익힌다는 것은 쉬운 일이 아니다. 학원에서 강사한테 직접 배우는 것이 보다 효과적일 것이다. 이 점은 미국인들이 진작 깨달은 것 같다. 미국인 호세 실바(Jose Silva)가 누구나 학원에서 강사에게 잠재의식을 다루는 법을 배울 수 있는 '마인드 컨트롤(mind control)'이란 기법을 오래 전에 개발했다. 이 기법은 단과 머피의 '잠재의식 다루는 법'을 더욱 과학적으로 체계화하여 학원에서 강사가 가르칠 수 있게끔 한 것으로 세계적인 반응을 불러일으켜, 미국, 한국 등 각국에 그 기법을 가르치는 학원들이 무수히 설립되었다.

그런데 '마인드 컨트롤' 역시 궁극적으로는 '예수님 은총, 불사(不死)'에 의지한 것이었다. 강사 자격증을 미국에서 딴 각국의 사람들이 고국으로 돌아가 '마인드 컨트롤' 학원을 설립하여 한때 세계적인 붐이 일어났었는데 곧 쇠퇴했다. 미래학자들은 미래에 다시 붐이 일어나게 될 것이라고 예견하지만 어렵지 않을까. '마인드 컨트롤' 강사들은 단지 그 표피적인 기법만을 익힌 것이었다. 그 정수(精髓)인 기독교의 예수님 은

총을 이해 못하는 비기독교인(기독교 신앙이 약한 사람) 강사들이 무슨 수로 그 기법을 완전히 파악하여 가르칠 수가 있겠는가.

그럼 기독교 신앙이 깊은 강사들은 정수를 파악하여 가르칠 수가 있었을까. 그 경우에는 파악하여 가르칠 수는 있는데 배우는 사람들이 문제였다. 비기독교인들은 그 정수를 배울 도리가 없다. 물론 영적 체험을 이미 한 기독교인들은 이적을 행하는 사람들로 '마인드 컨트롤'을 배울 필요가 없다. 그들은 자신만의 기법을 터득하여 벌써 가르치고 있는 사람들이다. 보통의 기독교인의 경우는 어떠한가. '마인드 컨트롤'의 정수는 예수님 은총이지만 그 기법은 기독교 정신과는 전혀 다른 것, 과학적, 체계적인 것이다. 그들은, 효과적으로 그 기법을 배워 사용하는 사람도 있겠지만, 대부분 종교와 과학 사이에서 갈등하다가 '마인드 컨트롤 정신'식의 생활보다는 원래의 신앙생활을 택하고 만다.

노먼, 단, 머피, 실바 등 현인들을 탄생시킨 미국 사회가 오늘날 좋은 방향으로 현저히 개조된 것으로는 보이지 않는다. 노먼의 기법보다는 단과 머피의 것들이, 이들보다는 실바의 것이 더 나아 보이지만 아무래도 그 기법들 모두가 한계가 있어 보인다. 그들의 한계라기보다는 기독교의 한계, 서양문화의 한계라고 해야 할 것이다. 서양문화에서는 만족스런 잠재의식 기법을 발견하는 것이 어려워 보이니 동양문화 쪽으로 시선을 돌려보기로 하자.

초월명상 (TM), 다이내믹 명상(dynamic meditation)

현대, 동양의 현자들이 일반인들로 하여금 잠재의식 다루는 법을 쉽게 배울 수 있게 하기 위하여 여러 기법들을 개발했다. 인도의 현인인 마히리쉬 마헤시(Maharishi Mahesh), 바그완 라즈니쉬(Bhagwan Shree

Rajneesh) 등이 '초월명상(TM)', '다이내믹 명상(dynamic meditation)' 등 '득도의 기법', 즉 '잠재의식을 다루는 법'을 개발했다. 그래서 누구나 책으로 또는 학원에서 그 기법들을 익혀 사용할 수가 있게 되었다. 이 기법들은 물론 '예수님 은총, 사후의 세계'에 의지하는 것들이 아니니 노먼, 실바 등의 한계를 벗어난 것들이라고 할 수가 있다.

라즈니쉬 등의 방법은 궁극적으로 어떤 것에 의지하고 있는 것인가. 그 방법은 도(道)에 의지하고 있다. 정신분석이론 덕택으로 구체성, 실증성이 있다고는 하지만, 그 방법에서 도의 실체를 파악하는 것은 여전히 어렵다. 따라서 그 기법들의 장래도 그렇게 밝아 보이지 않는다. 그러나 기법을 개발한 현자로부터 직접 배운다면 그야말로 완벽에 가까운 효과를 얻을 수가 있을 것이다.

라즈니쉬는 미국으로 건너가 재단을 세우고 자신의 명상법을 가르쳤다. 그 재단이 확대일로에 있을 때 그가 오십여 세의 나이에 갑자기 죽었다. 라즈니쉬는 미국의 극우에 의해 중성자선에 감염되어 죽었다고 말하는 사람들이 있다. 그것은 가능한 일인 것 같기도 하다. 라즈니쉬가 미국에서 자신의 명상법을 가르치자 기독교의 한계를 절감하고 현대문명의 심각한 문제로 하여 절망한 미국인들은 그의 주변으로 몰려갔다. 풍요한 사회 미국은 청소년의 자살 증가, 알코올 중독의 급증, 우울증의 만연, 파괴행위, 범죄 등의 문제로 고민하고 있었다. 미국으로 건너온 라즈니쉬는 그 문제들을 해결하여 주고 있었다. 그의 영향력이 노먼을 앞지르고 미국 대통령조차도 넘어서게 되는지 모르는 일이었다. 그런 상황에서 라즈니쉬가 불과 오십여 세의 나이에 갑자기 죽은 것이었다.

미국의 우익 언론들은 라즈니쉬를 섹스 교주라고 몰아붙였다. 그러나 그의 재단은 번성을 멈추지 않았다. 라즈니쉬가 죽자 그때서야 겨우 쇠퇴했다. 그러나 그가 개발한 '다이내믹 명상법', 즉 '잠재의식 다루는 법' 붐은 결코 쇠퇴하지 않았다. 그 명상법은 동서양 각국에 책으로 출판되어 널리 소개되었다. 《다이내믹 명상법》은 동양에서보다 서양에서 더 인기를 끌었다. 여기에서 그 명상법이 현대인에게 맞게 과학적 근거로 하여 이루어져 있음을 짐작할 수가 있다.

고대 동양철학에서는 섹스를 하면서 도에 이르는 기법을 개발하였었다. 물론 그 기법은 일반인들이 터득하기가 쉽지가 않은 것이다. 마침내 라즈니쉬가 누구나 쉽게 터득할 수 있는 섹스 명상기법을 개발했다. 그래서 이제 누구나 최고의 황홀경을 맛보면서 도의 상태에 이를 수가 있게 되었다. 미국인들이 라즈니쉬에게 얼마나 매료되었는지를 짐작할 수가 있다.

평범한 사람들이 잠재의식의 힘을 효과적으로 사용할 수 있는 기법에 대해서 살펴보았다. 책과 학원을 소개했다. 누구나 쉽게 이해할 수 있게 설명한다고 했는데 모호한 내용이 되고 만 것 같다. 책을 보거나 학원에 가보기 전에 그 기법들 모두가 모호한 것들이라고 의구심이 생기고 말았을 것 같다. 여기에서 소개한 대로하여 위인이나 스타처럼 잠재의식의 힘을 효과적으로 발휘할 수 있게 되는 사람도 있을 것이다. 그러나 보다 많은 사람들이 그렇게 할 수가 없을 것 같다.

하지만 아직 실망해서는 안 된다. 이 책을 통해서, 이 책에서 소개한 책이나 학원을 통해서 잠재의식의 정수를 이해하기만 하면 된다고 생각한다. 위인이나 스타가 책이나 학원을 통해서 배워 잠재의식의 힘을 발휘하게 된 것은 아니었다. 그들은 스스로 깨달아 자신만의 독특한 방법으로 하여 발휘했다. 잠재의식에 관해서 확실히 이해를 한 사람은 결국 자신만의 독특한 방법을 고안하게 된다는 것은 필연이 아니겠는가.

4부
조직의 비밀

1장

삼국시대 인심은 진보주의자 조조가 아니라 보수주의자 원소에게 있었다

《삼국지연의》에 나오는 원소는 우유부단하고 무능한 인물이다. 그래서 사람들은 그를 아주 한심한 인물로, 무능과 우유부단의 대명사로 간주하고 있다. 진수의《정사 삼국지》에 원소는 인간적으로 처지는 인물로 기록되어 있다.《연의》는 정사의 기록에 의거하여 창작되었기 때문에 그를 아주 형편없는 인물로 묘사한 것이다.

그러나 고등학생으로 보이는 한 삼국지 마니아는, 원소는 유비, 제갈량을 능가하는 영웅이라고 말하면서 그 근거로 유비, 제갈량은 중원 땅에 위협이 된 적이 없으나 원소는 중원 땅을 놓고 조조와 정면 대결한 것을 들었다. 의미심장한 말이다. 사실, 원소의 정치적, 군사적 공적은 조조보다 한수 위였다. 단지 마지막 싸움에서 '아차' 하여 조조에게 패했을 따름이다. 그 마지막 싸움 관도대전에서도 원소의 군세는 조조 군세의 열배였다. 후일 조조는 다음과 같이 술회했다. "그때 나는 도저히 원소의 상대가 될 수가 없었다. 그런데도 그와 싸운 것은 오직 나라를 위해 싸우다가 죽어 후세에 이름이나 남길 요량에서였다."

원소를 한심한 인물로, 무능과 우유부단의 대명사로 간주하는 것은 잘못인 것 같다. 그를 새로운 각도에서 살펴보도록 하자.

조조의 모사 곽가가 다음과 같이 말한 적이 있다.

"지금 조공(조조)이 원소보다 약하지만 승리할 수밖에 없는 열 가지 이유가 있습니다. 첫째로 원소는 필요 이상의 형식과 허식을 좋아하지만 공(公)은 합리적입니다. 둘째로 원소는 반역을 도모하고 있지만 공은 천자를 받들고 있습니다. 셋째로 영제(靈帝) 이전부터 천하가 법도를 잃어버리고 관대가 지나쳐 정치가 타락했는데도 원소는 법도를 세우지 않고 있지만 공은 강력한 법도를 세웠습니다. 넷째로 원소는 겉으로는 너그러운 체하면서도 속으로는 시기하는 마음이 대단해서 되도록 자기 일가친척에게만 일을 맡기지만 공은 마음이 밝아서 사람을 쓰되 의심하지 않고 재능 있는 사람은 누구에게나 기꺼이 요직을 맡깁니다. 다섯째로 원소는 꾀는 많으나 결단력이 부족하지만 공은 계책이 서면 즉시 실천하십니다. 여섯째로 원소는 명성만 듣고서 사람을 대우하지만 공은 지성으로서 사람을 대우하십니다. 일곱째 원소는 눈에 보이는 곤궁한 자는 돕고 보이지 않는 사람은 소홀히 하지만 공은 '눈앞에 있느냐 없느냐'보다 전체를 생각하십니다. 여덟째 원소는 누가 사람을 중상 모략하면 그것을 곧이듣고 흔들리지만 공은 꿋꿋하십니다. 아홉째로 원소는 시비(是非)를 분간하는데 어둡지만 공은 총명하십니다. 열 번째로 원소는 허세의 형세를 좋아하고 병법의 요점을 모르지만 공은 군사를 쓰는데 신과 같습니다.”

　개인적 능력에서 원소는 조조의 상대가 되지 못하는 인물이었던 것 같다. 그러나 개인적으로 무능한 지도자가 유능한 자를 이기는 경우는 동서고금에 통상 발생한다. 무능한 지도자가 유능한 부하를 두거나 조직의 힘을 이용하거나 인심을 얻으면 유능한 상대를 이기게 되는 것이다.

　후한 말 조정의 극도의 부패로 하여 토탄에 빠진 백성들은 새로운 지도자가 출현하기를 갈망했다. 원소는 구체제, 조조는 신체제의 대표자였다. 인심이 조조에게 있어서 결국 조조가 원소를 이겼다고 한다. 그러나 조조가 원소보다 백성들의 마음을 더 얻었다는 견해에는 문제점이 있는 것 같다.

　다음과 같은 역사의 기록이 있다. “원소가 막상 숨을 거두자 백성들은 모두 눈물을 흘리며 슬퍼했다. 마치 친부모가 죽은 듯이 통곡하는 사람들도 있었다.” 그런데 조조가 죽었을 때는 백성들이 그처럼 슬퍼했다는 어떤 기록이 없다. 역사서는 승자의 기록이다. 그런데 역사서에 승자 조조와 패자 원소에 대해서 그렇게 기록되어 있다면 무엇을 의미하는가. 당시대의 인심은 누구에게 있었는지 명확하지 않는가. 아무래도, ‘당시 인심은 신체제의 대표자에게 있었다’는 견해는 재검토되어야만 할 것 같다.

　로마사에 카이사르와 폼페이우스가 나온다. 폼페이우스에 의해 이룩된 정치적, 군사적 업적은 카이사르에 뒤지지 않았다. 단지 폼페이우스가 마지막 싸움에서 천재적 기지의 카이사르에게 패했을 따름이다. 그런데 로마인의 두 사람에 대한 태도는 색다른 것이었다. 인민은 천재에 대해서는 존경은 하지만 두려움을 느끼는 것처럼 보인다. 카이사르에 대한 로마인의 애증(愛憎)은 시종 교차했다. 카이사르가 브루투스에게 암살당했을 때 로마 시민은 환호하였으며, 애통으로 변한 것은 다음 일이 었다. 그런데 폼페이우스에 대해서는 시종 애정으로 일관했다. 폼페이우스가 카이사르에 패하여 죽자 카이사르를 지지하는 로마 시민들조차 애통해 했다. 중국사를 로마사에 비하여 볼 때 조조가 카이사르라면 원소는 폼페이우스라고 할 수 있을 것이다.

– 《정사소설 삼국지》에서

카이사르와 조조는 역사의 진보의 맥을 잡고 있는 진보당의 당수였다. 폼페우스와 원소는 역사의 진보에 소극적인 보수당의 당수였다. 그런데 인심은 카이사르와 조조에게 있는 것이 아니라 폼페이우스와 원소에게 있었다.

인민은 전체적으로는 언제나 반동적, 보수적이라고 해도 될 것이다. 반동적 시대, 독재 시대도 결국 인민이 원했기 때문에 나타난 것이라고 한다.

인민이 자유민주주의 시대를 맞은 것은 근대에 들어서였다. 그 이전에는 노예와 같은 삶을 영위했다. 백성 민(民) 자는 원래 노예를 의미하는 말이었다고 한다. 자유민주주의 시대는 전체 역사에 비한다면 순간에 불과한 것으로 인민은 오랜 세월 노예 상태에서 살았다. 그리하여 인간의 유전자에는 노예 근성이 자리 잡게 되었다.

해방 후 우리나라 정치 과정을 살펴보도록 하자. 박정희는 유신독재 체제를 수립한 것으로 하여 악명이 높다. 그러나 그는 총에 의해서가 아니라 국민 투표의 90% 찬성표에 의해서 유신독재체제를 수립했다. 이에 대해서 박정희가 매스컴을 동원하여 국민을 세뇌시켜 찬성표를 던지게 만들었다고 식자들은 흥분한다. 이 식자들은 박정희와 마찬가지로 국민을 뇌가 없는 무지렁이로 간주하고 있는 사람들이다. 당시 국민투표는 공산국가식의 공개투표가 아니라 헌법에 의한 비밀투표였다. 사람들은 얼마든지 반대표를 던질 수가 있었다.

선거 때면 큰 목소리를 내는 사람들은 항상 야당 진보당 사람들이었다. 물론 그들은 사회정의와 역사진보 상 옳은 사람들이었다. 그런데 막상 투표를 하여보면 야당은 보수당 여당에게 형편없이 깨졌다. 선거권자의 다수는 사회정의와 역사진보에 대해서는 무관심한 사람들, 침묵하는 자들이었다. 그래서 '침묵하는 다수'라는 말이 유행하게 되었다. 우리나라도 마침내 진보당이 승리하여 정권을 잡게 되었으니 정치적으로는 선진국 대열에 들어선 것 같기도 하다.

2장

역사 진보는 '혁명'이 아니라 '진화'로 이루어졌다

원소가 조조에게 패할 수밖에 없는 열 가지 이유를 조조의 모사 곽가가 밝혔다. 그것에 의하면 원소는 그야말로 한심한 인간이었던 것으로 나타난다. 그러나 현대적 관점에서 곽가의 견해를 보면 사정이 다르게 나타난다. 여기에서는 그 견해를 현대적 관점에서 하나하나 살펴보도록 하자.

곽가는, "원소는 형식과 허실을 좋아한다. 눈에 보이는 곤궁한 자는 돕지만 보이지 않는 사람은 돕지 않는다"고 말했다. 그런데 현시대의 정치적 지도자는 동서양을 막론하고 태반이 그러하지 않는가. 그러하지 않는 지도자는 극히 적은 것이 아닌가. 수많은 사람을 다스려야 하는 사람은 사회의 형식을 따를 수밖에 없다. 눈에 보이지 않는 곤궁한 사람들까지 모두 돕는 것은 부자 나라 미국, 일본 정치가의 경우에도 불가능하다.

오늘날 세계 정치가의 태반은 원소 같은 부류의 사람들이다.

곽가는, "원소는 우유부단하여, 결단력이 없는 관계로 신속히 법도를 세우지 못한다"고 했다. 그런데 현대의 정치 지도자들 대부분이 그러하지 않은가. 혁명과 전란의 시대 지도자들은 신속히 법도를 세웠지만 그 시대는 이제 지나갔다. 현대의 지도자들은 기존의 법도를 따른다. 그들은 새로운 법도를 세우는데 우유부단하다.

곽가는, "원소는 겉으로는 너그러운 체하면서도 속으로는 시기하는 마음이 대단해서 자기 일가친척에게만 일을 맡긴다"고 했다. 현시대에 최고로 합리적인 정치의 나라 미국의 경우를 보도록 하자. 미국은 정치, 경제, 군부 엘리트들이 자기들끼리 친척 등의 관계를 맺어 지배하는 국가이다. 미국의 석학 밀즈가 그에 대해서 실증적으로 서술한《파워 엘리트》라는 책은 전세계의 석학들에 의해서 뛰어난 것으로 평가받았다. 최고 선진국 미국의 정치가들도 원소와 마찬가지의 사람들이었다.

곽가는, "원소는 누가 사람을 중상모략하면 그것을 곧이듣고 흔들린다. 시비를 분간하는데 어둡다"고 했다. 생리상 늙은이의 뇌력은 젊은이의 절반에도 미치지 못한다고 한다. 미국, 한국 등 각국의 정치지도자들 중에는 최고학부를 나온 수재들이 많지만 대개 오십 세가 넘어서 대통령에 당선된다. 인간 뇌 세포는 이십여 세 때부터 죽어가기 시작하여 늙으면 젊은 사람의 절반에도 미치지 못하게 된다고 한다. 클린턴처럼 비교적 젊은 나이에 대통령이 된 사람은 시비를 잘 분간할 수가, 샤프한 지적능력을 발휘할 수가 있지만 칠십여 세의 늙은이는 때로는 중상모략에 흔들리고 시비를 분간하는데 어둡게 되지도 않겠는가. 물론 나이 먹은 사람에게는 지혜가 있다. 레이건과 김대중은 칠십여 세에 대통령이 되었지만 한 사람은 미국 사상 최고 훌륭한 대통령으로 평가받았고 또 한 사람은 IMF를 극복했다.

현대적 관점에서 보면 곽가의 원소 비판에는 문제점이 있는 것 같다. 곽가는 천재적 두뇌의 젊은 사람이었다. 그런데 어째서 그런 문제점이 있는 원소 비판을 한 것인가. 당시 조조는 원소에게 완전 눌려 완전 낙심하고 있었다. 그래서 곽가가 용기를 북돋아 주기 위해서 앞의 열 가지 원소의 단점을 열거한 것이었다.

사실은 곽가가 지적한 원소의 단점은 단점이 아니라 장점이었다. 왜냐하면 그 점에 의해 원소는 천하의 주도권을 잡고 있었기 때문이다. 곽가가 원소의 약점이라고 지적한 것은 보수주의자들의 속성이었다.

보수주의자들의 정체는 무엇인가. 공산주의 이론을 창시한 칼 마르크스는, 역사는 혁명으로 진보한다고 주장했다. 그는, 보수주의자들은 역사의 진보를 가로막는 반동분자들이라고 맹비난했다. 그런데 세계사를 공부해보면 역사 진보는 '혁명'이 아니라 '진화'로 이룩되었음을 발견하게 된다.

3장

무능한 CEO가 좋은 실적을 내는 이유

현대를 살아가기 위해서는 영어와 컴퓨터를 알아야만 한다. 늦은 나이의 CEO들이 컴퓨터와 영어공부에 열중하고 있다고 한다. 젊은 직원은 CEO로 승진하기 위해서 영어와 고급 컴퓨터 공부에 열심이다. 그러나 컴퓨터와 영어를 전혀 모르는 CEO들도 적지 않게 있는 것 같다.

미국 컴퓨터업계의 왕자인 누구는 컴맹이라고 한다. 클린턴 대통령은 재임 중 단 한 차례의 이메일을 보냈을 뿐이라고 한다. 그는 컴맹이었던 것 같다. 영어를 모르는 CEO가 영어에 능숙한 CEO보다 국제관계 업무를 더 잘 처리하기도 한다. 개인 능력상 무능한 CEO가 유능한 CEO보다 더 좋은 실적을 내기도 한다. 어째서 그런 현상이 일어나는 것인가.

"인간에게는 IQ 이외 다른 지능이 있다. IQ는 낮지만 그 다른 지능이 높은 사람들이 있다. 이 지능이야말로 성공의 열쇠이다. 그들은 비록

IQ가 낮지만 사실은 지능이 높은 사람들이다. 또, 부하들을 잘 다루고 조직을 잘 운영하는 기술은 개인능력과는 별도로 따로 있다."

"나는 세계 각국의 유명 정치인들과 사귄 적이 있다. 그들의 공통점은 인간관계고 무엇이고 간에 무능하다는 것이다. 관료(정부나 대기업)들을 사귀어 보면 그들은 무능한 인간임을 발견하게 된다. 그들은 무골호인(無骨好人)이다. 조직의 상층부가 그런 사람들로 구성되는 것은 다음과 같은 이유에서이다. 조직체에는 인간성을 말살시키는 면이 있다. 현명한 사람들은 자신의 개인적 삶을 희생시켜야만 하는 조직에 오래 남아있지 않는다. 그래서 조직에는 무능한 사람들만 남게 된다. 그들은 조직의 병리에도 불구하고 참고 견뎌내 결국 최고 관리자가 된다."

이상은 무능한 사람이 훌륭한 CEO가 되는 이유를 설명하는 석학들의 견해이다. 그런데 두 번째 견해가 옳다면 그야말로 논리적 모순에 부딪히게 된다. 세계는 개인이 아니라 조직에 의해 지배되고 있는데 그 조직이 한없이 무능한 사람들에 의해서 규율되고 있다고 하니까 말이다.

우리는 주변에서 개인적으로는 무능하지만 단체적으로는 그러하지 않은 사람들을 심심찮게 발견한다. 개인적으로 무능한 사람들이 일단 조직상 일을 하면 눈빛이 달라지는 등 전혀 다른 사람이 돼 놀라운 능력을 발휘한다.

아무래도 인간에게는 개인상 능력 외에 조직상 능력이 따로 있다는 견해가 옳은 것 같다. 조직의 관리자들이 무능한 인물들이라고 하는 것은 불완전한 인간 지식에 의한 것이다. 이 점은 진작 많은 사람들이 깨닫고 있는 것이기도 하다. 그러나 그것을 누구나 쉽게 이해할 수 있게끔 설명하는 사람은 별로 없었다. 지금부터 여기에서 누구나 이해할 수 있게끔 설명하여 보려고 한다.

4장

조직체는 사람처럼 지능을 갖고 있다
- 그 지능은 아주 낮은 것이다

예지력, 투시력에 대해서 살펴보도록 하자. 앞날이 보이고 수만리 밖이 보이는 사람들이 있다. 그리고 앞 장에서 살펴보았듯이 예지력, 투시력을 비과학적이라고 단정하는 것이야말로 비과학적이다. 특출한 예지력, 투시력을 갖고 있는 사람은 드물지만 약간 갖고 있는 사람은 우리 주변에도 많이 있다. 어쩌면 이 글을 읽고 있는 당신이 바로 그 사람일 수도 있다. 자신 사무실 방의 책상에 앉아 있는데도 각 사무실 방의 직원들 동향이 어렴풋이나마 다 감지되는 것이다.

200여 년 전에 프랑스의 사회학자 르봉의 《집단 심리》가 출판된 적이 있었다. 그 시대에는 아직 심리학 등 자연과학과 사회학, 정치학 등 인문사회과학이 발달되어 있지 못했다. 따라서 르봉의 집단 심리 이론에는 허술한 면이 많이 있다. 그러나 조직에 대한 그의 통찰력은 우리로 하여금 감탄하게 한다. 르봉의 이론에 의하면 사람들은 조직, 집단이 되면 지능이 낮아지게 된다. 집단의 지능은 높아보았자 저능아의 그것이다.

김대중, 김영삼, 김종필 삼김 정치시대 이야기이다. '한국 정치 수준은 유치원생의 그것이다'라고 한 저명한 일본인이 혹평했다. 그러나 르봉의 이론에 의하면 선진국 일본, 미국의 정치 수준도 마찬가지이다. 사실 미국, 일본의 그것은 우리보다 높겠지만 높아보았자 초등학생 수준이다. 일본과 미국에서 레슬링, 축구 선수와 영화배우 출신들이 선거에서 승리하여 정치가가 되고 있다. 그들은 대부분 초등학생들이 좋아하는 사람들이다. 사실, 레이건처럼 탁월한 정치능력의 배우출신 정치가는 드물다.

버트란트 럿셀은 근대의 가장 중요한 사건으로 다음 네 가지를 들었다. 아인슈타인에 의한 상대성원리의 발견, 다윈에 의한 진화론의 확립, 프로이트에 의한 잠재의식의 증명, 레닌에 의한 공산국가의 건설. 공산국가는 민중의 국가이다. 마르크스는, 역사가 엘리트들에 의해서가 아니라 민중에 의해서 진보되고 있다는 사실을 밝혔다. 그리하여 '민중'이란 단어는 전세계 지성인들의 화두가 되었다. 그들은 마르크스 레닌 공산주의에 매료되었다.

우리나라에서는 박정희, 전두환 군사독재 시대에 '민중'이란 단어가 국민적 화두가 되었다. 이 단어에는 역사, 정치, 사회, 철학 모든 것이 포함되어 있는 것으로 여겼다. '민중' 단어의 기초 개념을 파악하는 것만도 대학 한 학기 강좌를 필요로 한다고 했다. 이 단어의 의미를 모르는 사람은 지식인 대우를 받지 못했다. 지성인들은 '민중'이라는 단어를 신주모시듯이 하게 되었다. 그러나 이 단어의 정확한 의미를 아는 사람은 아무도 없었다.

당시 재야의 김씨는 국민적 지지를 받았으나 고졸 학력에 고집이 센 사람이었다. 공부를 많이 한 재야 인사들은 김씨를 '민중'이 무엇인지도 모르는 무식한 사람이라며 비웃었다. 김씨가 어느 날 그들을 불러 물었다. "내가 공부를 적게 해 '민중'이란 말을 잘 모르는데 그대들이 좀 가르쳐 줄 수 없겠는가?" 그러나 불려온 사람들은 그 의미를 설명을 할 수가 없어서 쩔쩔매었다. 그러자 김씨가 말했다. "내가 '민중'이 무엇인지 가르쳐주지. 자네들도 보라매공원에 모인 사람들을 보았지? '민중'이라는 것은 바로 그 사람들을 말하는 것이라네." 이후 '민중'이란 단어를 신주 모시듯이 하는 풍조는 모두 없어지게 되었다.

그 바로 전에 김씨의 정치 집회가 있었다. 전두환 정부는 사람들을 적게 모이게 만들기 위해서 집회 장소를 적고 외진 곳인 보라매공원으로 지정해 주었다. 정부의 기대와는 달리 공원에 모인 사람들은 인산인해를 이루었다. 보라매공원을 꽉 채우고 인근 산야까지 가득 덮었다. 그들은 태반 전라도 사람들이었을 것이다.

링컨은 게티즈버그 언덕에서 '민중의, 민중을 위한, 민중에 의한 정부'를 역설했다. 오늘날 그 말은 금석 같은 것으로 여겨지고 있다.

사람은 집단이 되면 개성이 매몰되고 지능이 낮아진다. 집단이 커지는데 비례해서 그 지능은 낮아진다. 집단 중 가장 큰 것은 민중으로 어느 나라 민중이나 지능은 다 비슷하다. 보라매공원에 모인 사람이나 게티즈버그 언덕에 모인 사람이나 집단(민중)으로서는 똑 같은 사람들이다. 그래서 민중은 어느 나라 민중이고 간에 열 살짜리 아이들이 좋아하는 영화배우, 운동선수 스타들을 좋아한다. 미국과 일본에서 배우와 레슬러, 축구선수 출신이 정치 선거에 출마해 압도적 표차로 당선된다.

미국, 중국 대국에 대한 환상을 버리자

미국은 영화 문화에서 최고의 선진국이다. 그런데, 미국 영화인은, "나는 (흥행을 위해서) 열두 살 아이 수준의 영화를 만들어야 한다"고 탄식하고 있다. 위대한 철학가 플라톤은 진작, "대중은 어리석은 것으로 대중에 의한 정치는 어리석은 것이다"고 지적했다. 미국은 여론 정치의 나라이다. 이 나라에서 여론의 힘은 절대적이고 헌법, 삼권분립 제도는 허울이다. 국회와 대법원이 헌법과 법률보다 여론에 의해서 좌지우지되고 있는 것이 미국 사회의 현주소이다. 현시대 최고의 선진국이라는 미국이 저능아 지능에 불과한 대중에 의해 좌지우지되고 있는 것이다.

미국, 중국은 큰 나라이므로 위대한 지혜를 갖고 있을 것이라고 생각하는 사람들이 있다. 한국의 한 여인이, 자신의 아들이 불치의 병에 걸리자 중국으로 이민 갔다고 한다. 중국은 십억의 인민이 사는 나라이므로 자신의 아들의 병을 고칠 수 있는 사람이 있을 것이라고 생각한 것이다.

대국인 중국과 미국은 정신문화적으로 그렇게 대단한 나라들이 아니다. 백배 크기의 나라에는 기껏해야 두배 정도의 지혜가 내재되어 있다고 보는 것이 현명하다. 인류역사상 위대한 문명시대를 연 국가들은 대국이 아니라 소국이었다. 중국 춘추전국시대, 그리스 문명시대, 근대 유럽문명시대 모두 다 소국의 시대로, 대국에 의해서 위대한 문명이 이룩된 것이 아니었다.

사람들은 로마를 역사상 가장 위대한 제국으로 여긴다. 그러나 수천만 인민의 로마대학의 수준은 수만 인민의 그리스 도시 국가 대학의 발뒤꿈치도 못 따라가는 것이었다. 십삼억의 나라 중국의 북경대학교와 세계 최강국 미국의 하버드대학 수준은 상상하기 어려울 만큼 높을 것이라고 혹자는 짐작한다. 그러나 21세기 그리스 도시국가의 대학이 있다면 하버드대학 수준은 도시국가 대학 몇 수 아래의 것이 될 것이다. 사람 집단은 커질수록 그 지능이 낮아지는 관계로 대학 수준이 나라가 커지는데 비례하여 낮아지게 되기 때문이다. 미국, 중국 등 대국들에 대한 환상에 사로잡혀서는 안 된다.

5장

조직체가
사람처럼 지능을 갖고 있다는 것을 증명한다

대중의 지능은 높아보았자 저능아의 그것이라고 르봉은 말했다. 초월명상을 창시한 인도의 현인 마히리쉬 마헤시는, 집단은 개인이 지능을 갖고 있듯이 지능을 갖고 있으며 그 지능은 최고로 높아보았자 저능아의 그것이라고 말했다. 마히리쉬의 견해는 르봉과 대략 일치한다. 그러나 마히리쉬는 20세기의 현인으로 심리학 등 자연과학과 정치학, 사회학 등 인문사회과학을 잘 알고 있는 사람이라는 점에서 그와 르봉 간에는 차이가 있다.

현대철학의 대가 미셸 푸코가 다음과 같은 내용의 학술논문을 발표한 적이 있었다. "근대 부르주아 사회는 공장에 의해 유지되었다. 학교에서 젊은 사람들을 공장에서 사용할 수 있게끔 규격화시켜 배출했다. 현대사회는 각종 조직에 의해 지탱된다. 학교에서는 젊은 사람들에게 인간성을 개발하게 하는 것이 아니라 각종 조직에 맞게끔 규격화시켜 배출한다." 그러자 다음과 같은 반박이 있었다. "그렇다면 그 실체, 즉 그 일을 주도하는 사람들을 대어보아라." 푸코는 자신의 견해에 대한 실체를 댈 수가 없었다.

사실 푸코의 그 견해에는 문제점이 있다. 어떤 자가 학교로 하여금 젊은이들을 규격화시키게 하고 있다는 말인가. 그 어떤 자는 아무리 찾아보아도 찾을 수가 없다.

그러나 만일 르봉이나 마히리쉬의 견해, 즉 조직체도 개인처럼 지능이 있다는 견해가 옳다면 푸코의 앞의 주장은 증명될 수가 있을 것이다. 학교로 하여금 규격화하게 하는 자는 개인이 아니라 조직일 수도 있으니까 말이다. 푸코는 자신의 견해를 발표하기 전에 집단 조직에 대해서 먼저 연구를 했어야 했다.

'집단 조직이 개인처럼 지능을 갖고 있다'고 학계에서 주장하는 것은 어리석어 보인다. 그러나 그와 같은 사변적인 견해가 만연하고 있는 곳이 바로 학계이다. 집단이 개인처럼 지능을 갖고 있다는 전제는 법률계에서는 진작 받아들였다. 법률에서 집단을 법인이라 하여 사람과 동등하게 다루고 있다. 오늘날 경제학이 눈부시게 발전하여 투입 – 산출 공식, 계량 경제학 등 실증적, 구체적 연구가 폭 넓게 이루어졌다. 그러나 그 모든 연구들의 바탕에는 '보이지 않는 손에 의해 경제가 움직여진다'는 아주 사변적인 전제가 깔려있다. 그에 비한다면 집단조직이 사람처럼 지능을 갖고 있다는 전제는 아주 합리적이고 이해하기 쉬운 것이다.

세계적 생물학자 리처드 도킨스는《이기적 유전자》라는 자신의 저서에서, 사실상 세상일 모두가 '유전자'에 의해 일어나고 있는 것임을 구체적, 실증적으로 설명했다. 그 저서에는 아주 놀라운 내용이 있다. 세상 일은 유전자 외에 또 밈(meme)에 의해 일어나고 있다는 것이다. 밈이라는 것은 어떤 것인가. 유전자가 정자와 난자에 의해 개체에서 개체로 운반되는 것과 같이 밈이라는 것이 프로세스(process)를 통하여 사람 뇌에서 뇌로 전달된다고 한다.

한 예로, 어떤 과학자가 아주 훌륭한 아이디어를 내면, 그 과학자가 가만히 있어도 그 아이디어는 여러 사람들의 논문이나 강연을 통하여 널리 전해지게 된다. 그런 프로세스에 의해 그 아이디어가 사람 뇌에서 뇌로, 생물체가 자기 복제하듯이, 전해진다는 것이다. 아이디어들 중 어떤 것은 밈이 되어 세대를 통해서 계속 전해지며 문화를 만들고 세상을 만든다. 그 밈은 사람같이 지능을 갖고 활동을 한다. 이해하기가 굉장히 어려운 내용이다. 그러나 세계적인 권위의 자연과학자가 실증적으로 연구하여 발표한 학술논문의 내용은 필자 같은 무명의 인문학도의 사변적인 주장과는 질적 수준에서 다르다는 점에 유의해야 한다.

컴퓨터 바이러스라는 말은 우리 모두가 잘 안다. 기계 덩어리 컴퓨터 안에 생물체 바이러스가 있을 리가 없다. 어떤 사람이 한 프로그램을 컴퓨터에 입력시키면 그 프로그램이 바이러스같이 활동하여 바이러스라고 불리게 된 것이다. 그런데 그 프로그램(컴퓨터 바이러스)의 활동과 생물체 바이러스 간에는 차이점이 거의 없다. 프로그램이 생물체같이 지능을 갖고 활동하고 있는 것이다. 그러니 사람들의 모임인 집단이 지능을 갖고 있다는 주장은 훨씬 합리적인 것이지 아니한가.

*지능이란 말은 원래 지력이 어느 정도 수준 이상인 것을 의미한다. 단지 편의상, 여기에서 생물체 능력을 의미하는 것으로 사용했다.

6장

둔재(鈍才)가 크게 성공하는 이유

집단, 조직의 지능은 낮다. 그러나 세계를 움직이는 자는 개인이 아니라 집단이다. 천재 개인도 집단 앞에서는 얼마나 한없이 무력한 존재가 되고 마는가에 대해서는 장황한 설명이 필요 없다. 저능아 지능인 집단이 천재 개인을, 세상을 규율하고 있는 것은 어떤 연고인가. 그 연고를 앞 장에서 다룬 잠재의식과 관련시켜 살펴보도록 하자.

인간은 천재고 누구고 간에 현재의식이 아니라 잠재의식에 의해 좌지우지되고 있는 존재이다. 천재, 수재의 IQ는 단지 현재의식의 IQ일 뿐으로 그들의 잠재의식 IQ는 역시 저능아의 그것이다. IQ는 원래부터 현재의식의 지능을 측정하기 위해서 고안된 것이었다. 집단조직에는 현재의식은 없고 잠재의식만 있으니 조직의 IQ가 저능아의 그것으로 나오는 것은 당연지사이다. 그러나 조직집단의 IQ는 천재의 잠재의식 IQ보다 낮지는 않다. 여기에서 조직이 세상을 규율하는 원인이 밝혀진다.

조직의 지능과 생리는 우리가 현인, 천재라고 감탄하는 사람들도 제대로 간파하지 못하고 있다. 오히려 둔재들이 그것을 잘 간파하기도 한다.

옛날부터 조직에 관한 연구가 많이 이루어졌다. 근대에 와서는 무수한 수재들이 그 연구에 참여하게 되어 경영학, 정치학, 행정학 등의 학문으로 결실(結實)하게 되었다. 이 학문에서는 조직이론들을 폭 넓게 다루고 있다. 그런데 경영학위, 행정학위를 갖고 있는 수재들이 조직에 대해서 어둡고 그 학위가 없는 둔재들이 오히려 유능한 경영인, 행정인이 되기도 한다. 그러니 심한 표현을 한다면 그 학위들은, 그 조직 이론들은 모두 다 아무 쓸모가 없는 것들이니 휴지통 속으로 던져 넣어버려야 하지 않겠는가.

개인능력상으로는 무능하지만 집단의 지능, 생리를 잘 파악하는 사람들이 있다. 그들이 조직에 대해서 잘 알게 되는 것은 천부적인 원인 외에 또 있다. 집단의 병리에도 불구하고 집단생활을 청산하지 못하는 사람들이 있다. 그들이 조직을 떠나지 못하는 것은 개인능력상 열등하여 조직에서 사는 것 외에는 선택의 여지가 없기 때문이기도 하다. 어쨌든 그들은 살기 위해서 자신의 현재의식은 물론 잠재의식까지 총동원하여 조직을 이해하려고 한다. 그러니 머리가 나빠도 조직의 생리를 잘 알게 될 수밖에 없다.

조직체는, 유능한 인물보다 조직 자신처럼 지능이 낮고 현재의식(이성)이 아니라 잠재의식(감정)에 의해 살고 있는 사람들을, 조직 자신을 이해하고 조직 자신에게 헌신적인 사람들을 당연히 더 좋아한다.

인간 유전자에는 조직을 좋아하는 속성, 조직에 관한 속성이 새겨져 있다고 한다. 성격상 조직과 결코 융합을 못하는 한 수재가 어떤 조직에 있다고 하자. 그는 그 조직에서 매사 반발한다. '끼리끼리 어울린다'고 그는 자신처럼 머리가 좋고 조직에 반발적인 사람들과 친하게 지낸다. 그런데 그것은 어디까지나 현재의식에 관한 이야기이다. 조직에 반항적인 그 수재의 유전인자에도 조직에 관한 속성이 새겨져 있다. 그는 자신도 모르게 때로는 자신처럼 조직에 반항적인 사람들을 싫어하여 협조하지 않는다. 그 수재는 무의식적으로 비록 머리는 나쁘지만 조직을 알고 조직에 협력적인 사람들을 좋아하여 협조한다. 잠재의식(무의식)의 능력은 현재의식을 압도한다. 여기에 둔재가 성공하고 수재가 실패하는 원인이 밝혀진다.

조직은, 혹자가 말하는 것처럼 한없이 인간성이 메마른 것이 아니라 끈끈한 정으로 맺어진 사람들로 구성되어 있다. 군대조직에 동성애자가 많다고 한다. 물론 일반인의 경우보다 조금 더 많다는 의미일 것이다. 마찬가지로, 일반 조직체 사람들의 경우에도, 그에 대한 연구는 없지만, 비조직체 사람들보다 동성애자가 더 많지 않을까.

대조직(관료제)의 속성은 분업화 탓으로 사람들로 하여금 정이 없고 삭막하게, 전체를 모르는 기계부속품이 되게 만들어버리는 것이라고 석학들은 주장한다. 그 속성으로 인하여 관료제는 결국 붕괴되고 말 것이라고 그들은 말한다. 그들은 무엇을 몰라도 한참 모르고 있다. 실제 위와 아래 간에 진한 정이 흐르고 있는 것이 대조직(관료제)의 속성이다.

둔재가 성공하는 이유에 대해서 살펴보았는데 모두가 뜬구름 같은 내용인 것 같다. 우리는 아직 조직의 구조와 메커니즘에 관한 정확한 지식을 갖고 있지 않아 조직 정수에 관한 내용은 뜬구름 같은 것이 되지 않을 수가 없다. 그러나 그 정수를 모든 사람들이 이해할 수 있게끔 최대의 노력을 경주하여 다시 설명하여 보려고 한다.

<h1 style="text-align:center">7장</h1>

<h2 style="text-align:center">중국 공산당군과 국민당군,
미국의 파월과 프랑스의 나폴레옹</h2>

한 저명인사가 모택동 공산당군의 중국대륙 점령 과정에 대해서 이렇게 술회한 적이 있다.

"국민당군과 공산당군 중 어느 편이 중국대륙을 차지하느냐를 결판낸 상해전투 때의 이야기이다. 상해시를 공격하던 공산당군은 국민당군을 시 밖으로 유인해내려고 거짓으로 패한 척하고 후퇴했다. 시 안팎에서 많은 사람들이 이 전투를 지켜보았다. 공산당군의 후퇴가 유인전술임은 누구나 눈치 챌 수가 있었다. 일부는 후퇴하고 일부는 전열을 가다듬으며 전투준비를 하고 있었으니까 말이다. 그런데도 국민당군은 공산당군이 진짜로 패하여 후퇴하는 줄로 알고 시 밖으로 추격했다. 마침내 국민당군은 포위당하여 전멸 당했다. 그때 공산당군의 후퇴가 유인전술임은 시 안팎 모든 사람들이 알아차렸는데도 국민당군 사령관만은 국가의 운명이 걸린, 세계의 운명이 걸린 전투에서 적군의 후퇴가 전술적인 것임을 알아차리지 못했다."

그 인사는 국민당군 사령관의 어리석음에 혀를 내둘렀다. 그러나 그는 잘못 안 것이었다. 군의 사단에는 정보부대가 따로 편성되어 있다. 당시 국민당군 장교들은 시 안팎의 사람들 이상으로 실정을 파악하고 있었다.

모택동은 권력은 총구에서 나온다고 했다. 사실, 공산국가고 자본국가고 간에 권력은 최종적으로 군대조직에서 나올 수밖에 없다. 1980년대에 일본 경제가 무섭게 성장하여 미국에서 나라 전체가 일본에게 종속되고 말 것이라는 우려의 목소리가 터져 나왔다. 그러나 그런 견해에 냉소하는 사람도 있었다. 일본은 군대가 없는 나라인 반면에 미국은 세계 최강의 군대를 갖고 있는 나라이기 때문이었다. 사실 경제조직은 군대조직에 종속될 수밖에 없는 것이다.

조직은, 어떤 조직이든 간에, 지능이 어린애 정도로 낮다. 군대조직이라고 예외일 수는 없다. 상해전투 때 어른들은 공산당군이 허위로 패한 척하는 것을 알아차렸으나 어린애들은 그렇지 못하였을 것이다. 국민당군은 어린애 지능으로 인하여 공산당군의 술수를 알아차리지 못한 것이었다. 군대조직에는 천재, 수재가 있고 정보부대도 따로 편성되어 있지만 그로 인해 조직 전체의 지능은 별로 높아지지 않는다. 그렇기 때문에 군대조직이 무서운 힘을 발휘하는 것이기도 하다.

정상적인 성인은 누구나 자기 생명을 가장 소중히 여긴다. 그들은 자신의 생명을 사령관이고 대통령이고 간에 누구의 명령보다도 더 소중히 여긴다. 자신의 생명을 최고로 소중히 여기고 군법 때문에 어쩔 수 없이 사령관의 지시에 따라서 전투를 하는 사람들로 구성된 군대와, 비록 개인적으로는 자신의 생명을 소중히 여기지만 조직적으로는 저능아처럼 생사 문제는 관심 없고 사령관의 명령에 무조건 복종하는 사람들의 군대가 대결한다면 그 결과는 뻔한 것이 아니겠는가.

상해전투 때 국민당군 사령관은 공산당군의 후퇴 상황을 정보부대로부터 상세히 보고 받았을 것이다. 사령관과 그의 참모진은 공산당군의 후퇴가 유인전술일 수도 있다는 것을 간파했다. 그러나 전투는 기세 싸움이다. 공산당군 사령관이 부하들에게 거짓으로 후퇴하라고 지시했지만 원래 계획대로 꼭 되지 않는 것이 사람 집단의 일이다. 후퇴하는 공산당군은 기세가 사그라지게 되는 반면에 달아나는 공산당군을 본 국민당군은 올라가게 된다. 기세는 올라가면 낮아지게 마련이다. 국민당군 사령관은 올라간 기세를 살려야 했다. 만일 국민당군이 추격을 안 하면, 공산당군은 그들을 겁쟁이로 보고 기세가 올라가게 되는 반면에 달아나는 적을 멍청히 바라보고 있어야 하는 국민당군은 사그라지게 되고 만다. 그런 때 공산당군이 재 반격해 온다면 어떻게 될 것인가. 당시 전국적 상황에서 국민당군이 불리했다. 국민당군 사령관은 추격을 명령할 수밖에 없었던 것이다. 물론 그의 그런 판단은 어린애의 그것으로 크게 잘못되었지만 그것은 어디까지나 결과론적이다.

몇 해 전에 미국과 이라크 간에 전쟁이 벌어졌다. 이 전쟁 때 미군 사령관은 IQ가 180인 사람이었다고 한다. 미군은 모든 전폭기 부대를 동원하여 사막의 이라크 군의 기갑부대 시설을 폭격하여 모조리 파괴시켜버렸다. 그런데 미국 언론에 의하면 폭파된 시설 중 95%가 이라크군에 의해 가짜로 만들어진 것이었다. 미국 언론이 그렇게 보도했으니 99%가 가짜가 아니었을까. 이라크전 때 미군 전폭기가 투하한 폭탄을 금액으로

환산하면 웬만한 나라 하나를 세울 수 있을 만큼 천문학적인 것이었다. IQ 180의 사령관이 하는 일이 그런 것이었다. 비록 미군이 이기기는 했지만, 상해 전투의 국민당군 사령관이나 이라크 전투의 미군 사령관이나 엇비슷한 수준의 사람들로 보이지 않는가.

사실은 고금동서 장군들 태반이 두 사람 수준의 인물들이었다. 나폴레옹 같은 명장은 가뭄에 콩 나듯이 드물었다. 역사에 무수한 명장들이 등장했다고 우리들은 알고 있다. 그러나 그 명장들의 수효는 역사상의 모든 장군들의 수효에 비하면 가뭄에 콩 나듯한 것이 될 뿐이다. 어쩌면 그 명장들의 태반도 이라크전의 미국 사령관과 상해전의 국민당군의 사령관 같은 사람들이었는지 모른다. 이라크전의 미군 사령관은 이미 명장으로 널리 알려졌고 후세에도 그러하게 될 것이다. 그런 식으로 하여 역사상 태반의 명장들이 탄생한 것일 수도 있다.

그러나 나폴레옹만은 진정한 명장이었다. 그는 유럽전쟁 때 유럽의 장군들과 수십 번 싸워 모두 이겼다. 유럽의 장군들은 모두 이라크전의 미군과 상해전의 국민당군 사령관 같은 사람들이었으니 나폴레옹이 연전연승한 것은 당연했다. 그런데 그의 꿈은 원래 유럽이 아니라 인도 정복이었다. 나폴레옹은 이집트에서 이라크전 미군 사령관 수준의 영국 장군과 싸워 격파 당하여서 인도 정복의 꿈을 접고 유럽 장군들과 싸우게 되었던 것이다. 그는 유럽 전쟁에서도 한계를 드러냈다. 결국에는 이라크전의 미군과 상해전의 국민당군 사령관 수준의 장군들에게 패했다. 한 번 패한 것이 아니라 연속으로 패하였으니 불운 탓으로 돌릴 수만도 없다. 결국 나폴레옹은 외로운 섬으로 유배되어 생을 마감했다. 최후의 승자는 나폴레옹이 아니라 이라크전의 미군과 상해전의 국민당군의 사령관 같은 장군들이었다. 장군은 나폴레옹보다 미군 사령관 같은 사람이어야지 않는가.

군대의 사령관은 IQ 180의 지능을 필요로 하지 않는다. 군대조직을 이끌어 가는 데는 높은 지능이 필요하지 않다. 군대조직만 그런 것이 아니라 그 밖의 조직도 다 그러하다. 조직 자체의 지능이 낮기 때문에 높은 지능은 오히려 장애가 될 수가 있다.

민주국가에는 진보당과 보수당이 있다. 그러나 진보당도 조금 진보적인 성향의 사람들로 구성된 것으로 보수당의 아류일 뿐이다. 그런데 진보와 보수 양쪽 장점을 모두 갖춘 훌륭한 당인 진보당이 정권을 잡는 경우는 드물다. 잡아도 그 기간이 짧은 경우가 태반이다. 그 이유에 대해서는 다음과 같이 설명되고 있다.

"진보 진영은 특별히 머리 좋고 개성이 강한 사람들로 구성된다. 그래서 의견 통일이 안 되어 힘을 발휘하지 못한다. 그에 비해 보수 진영은 보통의 머리의 사람들로 구성되어 숫자가 많지만 상대적으로 의견 통일이 잘 되어 큰 힘을 발휘하게 된다. 또, 진보당은 정권을 잡으면 관계, 군부, 경제계로부터 도움을 받지 못하여 오래가지 못한다."

사실이 그러하다. 정치집단은 머리 좋고 개성이 강한 사람들보다 머리 나쁘나 개성을 죽이는 사람들에 의해서 구성될 때 큰 힘을 발휘한다. 관계, 군부, 경제계 모든 조직의 경우에도 마찬가지이다. 조직의 사람들이 진보당 사람보다 보수당 사람을 좋아하게 되는 것은 당연지사이다. 개인적으로는 그렇지 않을 수도 있지만 조직적으로는 확실히 그러하다. 조직의 지능은 낮다. 그 조직을 이끄는 데에는 높은 지능은 장애가 될 수가 있다. 한 연구에 의하면, 미국 대통령 직무는 높은 지능을 필요로 하지 않는 것으로 IQ 110 정도의 사람이면 충분히 수행할 수가 있다.

8장

8할의 사람은 생각 없이 2할의 사람이 하는 대로 따라한다 – 부지런한 베짱이와 게으른 개미

지금까지의 글을 읽고서 이런 이의를 제기하는 사람이 있을 수가 있다.

"나는 대조직(관료제)에서 평생을 보낸 사람이다. 그런데 조직체가 생물체처럼 지능을 갖고 있는 것처럼 보이는 어떤 감조차 가져본 적이 없다. 물론 조직체가 지능을 갖고 있다는 것은 추상적, 사변적인 말이라는 것은 나도 잘 안다. 그러나 평생을 조직에서 보낸 사람이라면 조직 지능에 대한 감정도는 가져야만 하는 것이 아니겠는가."

80%‒20% 법칙이라는 것이 있다. 세상일 모두가 20%의 사람에 의해 주도되고 있는 것으로 그 나머지 80%의 사람은 그저 따라가기만 한다는 것이다. 사람들이 백화점에서 물건을 사는 경우에조차도 그러하다고 한다. 20% 사람이 스스로 생각하여 사면 나머지 80% 사람은 생각 없이

그저 따라 산다고 한다.

80% - 20% 법칙은 과학자들의 정밀한 연구에 의해 도출된 것이다. 그들은 그 연구를 인간뿐만이 아니라 동물에까지 확장했다. 사람과 동물은 천부적으로 게으른 속성을 갖고 있지만 개미만은 그렇지 않다고 알려져 있었다. 그런데 개미마저 단지 20%만 열심히 일하고 80%는 일하는 척만 한다고 한다. 열심히 일하는 그 20% 개미만을 따로 골라놓았더니 다시 그 중 20%만 일하고 나머지 80%는 놀더라고 한다. 곤충마저 그러하니 80% - 20% 법칙은 물리 법칙처럼 확실한 것으로 보인다.

조직을 움직이는 사람은 20%이고 80%는 생각 없이 그저 따라만 하니 이 80%의 사람은 평생을 조직에서 보내도 조직 지능 같은 것을 감지할 수 있을 리가 없다.

현대 구미(歐美) 석학들은 이렇게 말했다.

"대조직은 인간을 분업화로 자기 일 밖에 모르게 하여 기계 부속품 같은 것으로 만들어버린다. 사막같이 인정이 메마른 대조직(관료제)이 인간 세상에서 존속하게 될 리가 없다. 관료제는 결국 스스로 붕괴하고 말 것이다."

'사막같이 인정이 메마른 관료제는 인간세상에서 존속될 수가 없다'는 그들의 진단은 옳은 것이다. 관료제의 80%의 사람에게는 실로 관료제는 그러한 운명이 주어져 있다. 그러나 관료제를 사실상 움직이는 사람 20%에게는, 사정이 달라진다. 그들에게는 사람들이 서로 끈끈한 정으로 맺어져 있고, 분업화되어 자기 일 밖에 모르는 것이 아니라 전체가 생물체처럼 유기적으로 통합되어 있어, 전체를 파악하며 살고 있는 곳이 바로 관료제의 세계이다. 앞의 구미 석학들은 그 80%에 속하는 사람들과 같은 수준의 사람들이라 무엇을 전혀 파악하지 못하고 있었던 것이다.

김영삼 정부가 들어선 이래 여러 차례 행정 개혁이 있었다. 매번 대통령은 행정학자들의 견해에는 반신반의하였지만 행정경험이 풍부한 고급공무원들의 견해에는 신용하여 개혁을 집행했다. 그러나 행정조직의 80%의 사람들이 조직의 정수를 모르고 있다. 고급 공무원, 장기복무 공무원 중에도 조직의 정수를 모르고 있는 사람이 많이 있다.

조직기관을 사실상 움직이는 사람은 분명히 있다. 그러나 기관장이 조직의 정수를 모르는 80%의 사람에 속할 수가 있다. 요즘에는 모든 사람들이 차 운전을 하므로 바뀌었지만 옛날에는 운전수 중에 조직의 정수를 아는 사람이 비교적 많았다. 못 배우고 단기간 근무하고 하급 위치에 있는 사람들이, 많이 배우고 장기간 근무하고 상급 위치에 있는 사람들보다 조직에 더한 영향력을 미치는 사람일 수가 있다. 그 경우에는 대통령은 행정 개혁시 고급공무원이나 교양(敎養 ; 知性)의 사람들은 제쳐놓고, 차 운전수나 비교양(非敎養 ; 淺薄)의 사람들에게 의존해야 개혁에 성공할 수가 있다.

조직 지능의 실체가 드러난다

무수한 학자들이 조직을 실제적으로 움직이는 사람에 대하여 진작 연구했다. 연구된 것 중에서 미흡한 감을 주는 부분만 골라 보완하여 살펴보기로 하자.

조직에 큰 영향력을 발휘하는 자, 상층부가 따로 있다. 그 상층부는 적어도 수 명 이상이지 한 명인 경우는 거의 없다. 조직체는 개인이 아니라 여러 사람들의 공동결정에 의해 움직여지고 있다. 소수의 상층 사람들은 자기들만의 견해로 조직 일을 최종 결정하지 않는다. 하층 사람들의 견해도 최대한도로 반영한다.

구미 석학들은 대조직의 붕괴 원인으로 철저한 위계질서 체계 때문에 하층 사람들의 의사가 반영될 여지가 없는 점을 든다. 그러나 사실 대조직은, 석학들로서는 상상할 수가 없을 만큼 민주적이다. 물론 그 민주적 세계는 조직의 20%의 사람들에게만 해당하는 말이고 80% 사람들은 위계질서, 분업의 세계에서 소외되어 살고 있다. 조직 내 80%의 사람들은 소수 상층 사람의 존재를 인지하지 못한다. 석학이나 그 80%의 사람들에게는 대조직의 민주적 세계는 조직지능의 경우처럼 베일 속의 세계이다. 보통 사람들에게는 대조직(관료제)은 위계질서를 지상으로 하여 유지되고 있는 것처럼 보인다.

소수 상층부는 조직을 대표하는 사람들이다. 그들의 지능은 조직 지능에 크게 영향을 준다. 여기에 조직 지능의 실체가 이윽고 드러난다. 조직체 원래 무능한 능력의 사람이 유능한 사람 이상으로 활동하는 것을 발견하고 의아해 하는 사람들이 있다. 사실은, 조직체에서 무능한 사람들의 지능은 매몰되고 유능한 소수 상층 사람들의 지능만 표출한다. 조직 내부 어떤 사람이 원래 어리석었고 지금 하급 위치에 있는데 높은 지능을 표출하고 있는 것이 외부 사람에 의해서 종종 발견된다. 그러나 사실은, 조직의 그 사람은 자기 지능이 아니라 소수 상층 사람의 지능을 표출하고 있는 것일 뿐이다.

소수 상층 사람들은 수재이고 이성적인 성격보다 범재이고 감성적인 경우가 더 많다. 감성적이란 말은 인간적, 정적이고 일을 처리함에 있어서도 지성보다는 감성으로 처리함을 의미한다. 그들은 지적능력에서 부족하여 행정이론이니 경영이론이니 하는 것을 소화하지 못한다. 명문 대학교에서 행정, 경영 학위를 받은 사람들도 일단 상층부가 되면, 군대에서 배운 것은 제대와 동시에 깡그리 내팽개치듯이, 학교에서 배운 것(고시 공부한 것)은 내팽개쳐버린다. 대신에 그들은 굉장히 현실적, 실리적이며 예지력, 투시력 등 조직에 대한 재능을 어느 정도 천부적으로 갖고 있다.

이상 몇 개의 장에서 개인능력상 아주 무능한 사람들이 어떻게 해서 훌륭한 정치가, 유능한 행정가, 탁월한 CEO가 되는지를 살펴보았다. 그들이, 본능과 지능 등에 관련된 것 외에, 조직생활을 성공하는 원인을 살펴보았는데 장황한 내용이 되고 만 것 같다. 모두가 사변적(思辨的)인 것에 불과한 것 같다. 실증적, 구체적으로 설명할 수 있는 방법을 찾아보아야만 할 것 같다.

9장

'지식'과 '지혜' – '절대 권력은 절대 부패한다'

필자가 '지식'과 '지혜' 두 단어의 의미 차이 불분명함으로 인하여 혼란에 빠졌던 시기가 있었다. 모두 현명하다는 의미인데 달리 나타낸 것을 보면 분명히 차이가 있는 것 같은 데 그 것이 이해되지 않는 것이었다.

지식과 지혜 두 단어를 차이가 분명히 나타나도록 하기 위하여 다음과 같이 정의해보기로 하자. 최고의 지식은 최고로 머리 좋은 사람이 그의 지적 능력이 최고조일 때, 즉 젊었을 때의 지적 능력에 의해서 간파된 것이다. 지혜는 지적 능력은 비록 감소되었지만 연륜(年輪)에 의해 많은 경험을 축적한 늙은이에 의해서 간파된 것이다. 그런데 어떤 사람이 경험을 초월하는 완전한 지식을 갖고 있다면 노인의 지혜는 불필요한 것이 아닌가.

'절대 권력은 절대 부패한다'는 명언이 있다. 필자가 그 명언의 의미심장함에 매료되어 그 것을 말한 사람과 배경에 대해서 알아본 적이 있다. 그런데 알아보니 말한 사람도 배경도 그렇고 그런 것이었다.

그러니 여기에서는 "절대 권력은 절대 부패한다"는 명언을 원래 출처와는 상관없이 살펴보도록 하자. 어떻게 보면 그 명언은 잘못된 것으로 보인다. 아인슈타인, 괴테 같은 천재보다 열배 더 머리 좋은 사람, 예수나 석가 같은 성인조차도 절대 권력을 잡으면 반드시 부패하고 만다고 하니까 말이다.

그 명언에는 어떤 천재나 어떤 성인이고 간에 누구나 지적능력에는 한계가 있고 더하여 악한 면을 갖고 있다는 의미가 포함되어 있다. 이 견해의 옳음을 사변적이 아니라 구체적, 과학적으로 살펴보도록 하자. 먼저 인간성에 대해서 살펴보도록 하자. 인간은 파충류, 포유류로부터 진화된 존재이다. 인간 본성이 파충류적 속성을 태반으로 하여 구성된 사실이 생리학에 의해 밝혀졌다. 인류에게는 파충류적 공격성이, 악한 면이 잠재하여 있는 것이다. 그리고 잠재되어 있는 것은 언젠가는 표출되기 마련이다. 물론, 예수나 석가 같은 성인의 경우에도 예외일 수는 없다.

인간 지식의 확대, 과학의 발전은 끝이 없을 것 같기만 하다. 인간생명 문제마저도 신으로부터 인간에게로 넘어왔다. 황우석 교수의 체세포 인간배아 복제 성공은 세계를 흥분시켰다. 전세계 언론들은 그 소식을 톱으로 하여 보도했다. 신의 사도들, 종교인들이 과학자들에게 신의 일을 자제해달라고 사정하고 있다. 과학은 계속 발전할 것이다. 우리는 불원간 달나라로 휴가여행을 가게 될 것이다.

먼 훗날에는 휴가 때 과거와 미래로 가는 시간여행도 할 수 있게 될 것이라고 전망하는 사람들이 있다. 정말로 그렇게 될 수가 있을까. 유감이지만 먼 훗날에도 인류는 시간여행을 할 수가 없다. 그것은 벌써 과학에 의해서 증명되었다. 현대과학 이론은 인간지식의 한계를 명백히 밝혀주고 있다. 수학 논리학 이론 '불완전성 원리'는, 인간의 지식은 불완전할 수밖에 없는 것을 증명했다. 과학 발전에 한계가 있는 것이다.

인간 지식은 불완전한 것일 수밖에 없음은 과학적으로 증명되었다. 아인슈타인보다 열배 더 머리가 좋은 사람, 예수나 석가보다 열배 더 현명한 사람의 지식도 불완전한 것일 수밖에 없음이 증명되었다. 불완전한 지식의 인간이 절대 권력을 가지면 부패에 빠지게 되는 것은 필연이다. 예수 석가 등 성인들은 벌써 그 점을 간파했다. 자신들이 절대 권력을 잡아도 부패하고 만다는 것을 간파했다. 그래서 그들은 권력을 부정하고 최고 선은 지식이 아니라 사랑, 자비(慈悲)라고 가르쳤던 것이다.

조직의 둔재가 개인 수재를, 뇌가 반쪽인 노인이 온전한 뇌를 갖고 있는 청년을 규율하고, 어리석은 사람들의 민주주의가 수재들의 전체주의(공산주의)를, 어리석은 보수주의자가 똑똑한 진보주의자를 누른 이유가 이 장에서 다시 밝혀졌다.

이제, 이 장을 마무리하여야 할 때가 온 것 같다. 그런데 앞 장에서와 마찬가지로 실증적이 아니라 사변적인 내용으로 횡설수설하고 만 것 같다. 아무래도 조직의 정수를 실증적으로 설명하는 시도는 포기해야만 할 것 같다. 그러나 너무 실망하거나 비난하지는 말자. 진정한 진리는 사변(思辨)으로 밖에는 파악할 수가 없는 것이 우리 인간의 숙명인 것 같으니까 말이다.

후기

다년간 관료제에 대한 공부를 하였지만 집필할 엄두를 감히 내지 못했다. 출판사로부터 'CEO 삼국지' 집필 주문을 받아 한국, 중국, 일본 삼개 국의 관련 서적을 두루 살펴보았는데 마땅한 소재를 발견할 수가 없어 평소에 생각한 것을 풀어쓰기로 했다.

써놓고 보니 상대성이론과 양자역학이론, 정신분석이론, 초능력, 조직지능, 집단심리 등에 관한 내용을 포함하고 있었다. 관료제에 대한 집필 중 가장 난감한 사항들이었다. 난감한 것들이 이미 언급되어버렸으니, 내친김에 관료제에 대한 집필을 하기로 마음먹었다. 마침 이 책이 학술논문이 아니라 부담이 없어 일사천리로 써 마무리할 수가 있었다. 이렇게 해서 본서(本書)가 나오게 된 것이다.

그런데 막상 출판하려고 하니 껄끄러운 면이 있었다. 한국관료제 부분('박정희에서 고건까지' 단원)에 등장하는 사람들 때문이었다. 본서 4부 등 관료제 부분은 학술 관계상 부적합한 내용을 포함하고 있어 다시 쓰이게 될 가능성이 적다. 익명으로 표기할 경우 어렵게 쓰인 내용의 빛이 바래지는 것이 애석하여 본서가 다큐멘터리가 아니라는 점에 의탁해 용기를 내 실명으로 표기하기로 마음먹었다. 한국관료제 부분은 실명 정치소설쯤으로 보아주기 바란다.

2005년 11월
유길만